主　　编　林仁华　张辉灿

分册编著　李一兵

古都春晓
平津战役

广西科学技术出版社

图书在版编目（CIP）数据

古都春晓：平津战役 / 林仁华，张辉灿主编. —南宁：
广西科学技术出版社，2012.8（2020.6 重印）
（中外战争传奇丛书）
ISBN 978-7-80666-395-0

Ⅰ．①古… Ⅱ．①林… ②张… Ⅲ．①平津战役
（1948～1949）—青年读物②平津战役（1948～1949）—
少年读物 Ⅳ．① E297.4-49

中国版本图书馆 CIP 数据核字（2012）第 203186 号

中外战争传奇丛书
古都春晓
——平津战役
林仁华 张辉灿 主编

责任编辑	赖铭洪	封面设计	叁壹明道
责任校对	梁丽丽	责任印制	韦文印

出 版 人　卢培钊
出版发行　广西科学技术出版社
　　　　　（南宁市东葛路 66 号　邮政编码 530023）
印　　刷　永清县晔盛亚胶印有限公司
　　　　　（永清县工业区大良村西部　邮政编码 065600）
开　　本　700mm×950mm　1/16
印　　张　12
字　　数　155千字
版　　次　2012 年 8 月第 1 版
印　　次　2020 年 6 月第 6 次印刷
书　　号　ISBN 978-7-80666-395-0
定　　价　23.80 元

主 编 的 话

　　国防教育是建设和巩固国防的基础，是增强民族凝聚力、提高全民素质的重要途径，是直接关系到国家安危和民族兴亡的大问题。我们国家对国防教育都很重视。早在抗日战争时期，毛泽东就把"国防教育"列为"实现坚决抗战的办法"之一。新中国成立后，又提出要在全国人民中间深入进行爱国主义教育和国防教育，号召大家"提高警惕，保卫祖国"。改革开放以来，邓小平同志多次强调要加强对公民特别是青少年进行国防教育，发扬爱国主义精神和革命英雄主义精神。江泽民同志对新形势下的国防教育有过一系列精辟的论述。他深刻指出："只要国家存在，就有国防，国防教育就要长期进行下去，作为公民的终身教育来抓。"他还强调"越是在和平建设时期，越要宣传国防建设的意义，克服和平麻痹思想，增强人民的国防观念"。

　　为加强和普及国防教育，提高全民的国防观念和军事科技素质，2001年4月28日以《中华人民共和国主席令》（第52号）颁布了《中华人民共和国国防教育法》。《中华人民共和国国防教育法》明确规定："学校的国防教育是全民国防教育的基础，是实施素质教育的重要内容"，"小学和初级中学应当将国防教育的内容纳入有关课程，将课堂教学与课外活动相结合，对学生进行

国防教育"。"高等学校应当设置适当的国防教育课程,高级中学和相当于高级中学的学校,应当在有关课程中安排专门的国防教育内容,并可以在学生中开展形式多样的国防教育活动"。

为了贯彻执行《中华人民共和国国防教育法》的规定,配合学校开展国防教育,提高学生的国防观念和素质,我们与广西科学技术出版社合作,特约中国军事科学院的十几位专家,编写了这套《中外战争传奇》丛书,陆续向全国发行。

这套丛书,是根据目前我国初中、高中历史课本和语文课本中提到的若干战争、战役,从中选择了一些对历史进程有重大影响的内容编写而成的。

这套丛书,在编写上有它自己的特色,即立意新颖,构思巧妙,选材精当,内容真实,主题明确,条理清晰,语言通俗,形式独特。每本书都以故事命题,由三四十个故事构成,人物和事件结合在一起,图文并茂,约13万字。每本书在前面都有一个内容提要,使读者一目了然地了解一场战争或一个战役的全貌。

在这套丛书的传奇故事中,主要是记述广大军民为谋求人民解放、民族独立、反抗侵略、保家卫国的光辉事迹。既有统帅、名将的高超谋略、英明决策和指挥艺术,又有广大官兵的英勇善战、不怕流血牺牲和积极的献计献策;既有用兵如神、出奇制胜的成功经验,又有一着不慎、满盘皆输的失败教训;既有集中兵力、以众击寡的常规韬略,又有以弱制强、以少胜多的制胜方略;既有屡战屡败、关键一仗取胜而决定战争命运的经验,又有连打胜仗、关键一仗败北而导致全军覆没的教训;既有居安思危、有备无患的经验,又有忘战必危、亡国亡军的教训,等等。这些内容丰富、情节生动、事迹感人、引人入胜的传奇故事,作者以生动、形象的描述,通俗的语言,流畅的文笔整理成书,奉献给读者。这对加强全民国防教育,使读者特别是青少年,增长

军事知识，启迪谋略能力，发扬爱国主义精神，增强国防意识和爱军尚武思想，都会有极大的促进作用。

由于我们水平有限，对国防教育的需求了解不足，不当之处，在所难免。敬请读者和专家、学者及时提出批评、指正，以利我们在后续工作中改进。

林仁华　张辉灿

目录
CONTENTS

ZHONGWAIZHANZHENGCHUANQICONGSHU

一、平津战役概览

引子：话说平津

在我们讲述平津战役之前，先介绍一下平津悠久的历史。

北平，早在距今 50 万年前的洪荒时代，便有了人类活动的历史，房山县周口店的龙骨山，就是北平最早的"居民"生活的地方。她从华北平原上最初的一个居民点，发展成我国北方的一座重要城市，经历了极其漫长而复杂的过程。其时间不是以百年、数百年计，而是同我们祖国的历史一样源远流长。

公元前 3000 多年，北平便开始了有文字记载的历史，当时的名称叫做蓟，在今广安门附近。周武王灭商后，封其弟召公为北国王时以蓟为都城。秦始皇统一中国，分天下为 36 郡，蓟城是广阳郡的治所。从秦、汉，经魏、晋、16 国及北朝，前后达 800 多年，蓟城的地位日渐重要。隋朝以蓟城为涿郡的治所，唐朝统称为幽州。公元 938 年，崛起于北方的契丹族建立了辽国，以蓟城为陪都，改称南京，又称燕京。女真族灭辽建立了金国，于 1153 年迁都于蓟，称为中都；蒙古族灭金而建立了元朝，称其为大都。明军进入大都，改称北平；明成祖朱棣即位后，始称北京。在此之前，不仅北京的名称不断更迭，城址也屡有迁移，城区的范围不断变

化。清朝入关继续定都于明朝改建过的北京，直到封建王朝的最后崩溃。以袁世凯为头目的北洋军阀，篡夺了辛亥革命的成果，历届北洋政府均以北京为都。1928 年 6 月北伐军进入北京，奉军退回东北；7 月，蒋介石在西山碧云寺中山堂前召开军事会议，内容之一，是决定北京改称北平，含有平定北方之意，以炫耀他领导北伐的功绩。

天津市简称津，地处华北平原东北部，海河五大支流汇合处。天津历史悠久，早在 5000 多年前便有华夏祖先在此劳作耕息。元时这里置海津镇，属静海县。明永乐二年（1404 年）置天津卫，取"天子（指黄帝）渡河"之意而得名。清雍正年间设立天津县。咸丰十年（1860 年）辟为商埠。1928 年置天津特别市，1930 年改设天津市。

战役概况素描

平津战役，是中国共产党领导的中国人民解放军同国民党军队进行的战略决战中实施的一个战略性的战役，是解放战争具有决定意义的三大战役之一。它与辽沈战役、淮海战役组成的三大战役，是决定国共两党和国家命运的战略大决战。

中共中央主席、中央军委主席毛泽东以其高超的战争指导艺术和雄才大略，适时地于 1948 年 11 月 16 日发出了关于举行平津战役的作战计划和平张线作战部署的电令。规定东北野战军和华北野战军共同进行平津战役。

这时，辽沈战役刚结束 14 天，淮海战役刚开始 10 天。按照一般的战争指导规律，东北野战军在夺取辽沈战役胜利后，需要休整、补充、整顿几个月才能入关作战。蒋介石、傅作义都判断：东北野战军需有 3 个月到半年的休整时间，要到 1949 年春天才能入关作战。

东北野战军 80 万胜利之师待机入关，孤悬于平津地区的傅作义集团是守是撤，蒋介石、傅作义各有打算。

蒋介石的企图是：将傅作义集团撤至华东，加强长江防线，巩固江南，或加强徐（州）蚌（埠）会战力量。

毛泽东在中共七届二中全会上

　　傅作义则恐其嫡系部队被蒋介石吞并，不敢南撤，准备暂守平津，不得已时西退绥远（旧省名，今内蒙古中部地区）老窝；同时，还想与共产党谈和，成立华北联合政府，以保存实力。

　　在此期间，美国政府看到蒋介石难以扭转败局，积极策动国民党内部的倒蒋活动，并大力扶植地方实力派。傅作义也是美国政府企图扶植的对象之一，这种情况助长了傅作义扩充实力，固守平津，以观时变的打算。

　　由此可见，蒋介石、傅作义、美国三方，为了自身的利益，各有打算。

　　1948 年 11 月 4 日，蒋介石在南京召开高级军事会议，研究华北作战对策。傅作义应召飞抵南京，刚下飞机，国防部部长何应钦便转达蒋介石要他率部南撤，并许以"东南军政长官"之意。

　　傅作义心中十分明白，几十万军队南撤，谈何容易，没等撤出，恐怕就被解放军打得差不多了。为了使蒋介石不逼得太紧，他以进为退，在会上以主战的姿态，提出"固守平津塘倚海作战"的主张，力陈固守华北是全局，退守江南是偏安，非到不得已时，不应南撤。

　　傅作义的慷慨陈词，又勾起了蒋介石反败为胜的幻想，因为若能保住华北，固守平津，钳制东北、华北野战部队南下，对南线作战也属有利。据此，蒋介石确定了固守平津，置主力于津沽，以利尔后行动的方针。

　　会议一结束，傅作义马上飞返北平。为集中兵力，加强平津地区的防卫力量，先后放弃了承德、保定、山海关等地，对防御部署作了如下调整：

　　以第 17 兵团 5 个军 16 个师，防守天津、唐山、塘沽、廊坊一线；华北"剿总"率第 4、第 9 兵团 6 个军 18 个师，防守北平及南口、密云、通县、涿县等地；以第 11 兵团 1 个军 8 个师（旅），防守张家口、宣化、怀来一线。

这样，傅作义集团除在归绥、大同两个孤立的地区分别部署1个军和1个师及地方武装外，将其主力4个兵团、12个军、42个师（旅），连同地方武装共50余万人，部署在东起塘沽、滦县，西至柴沟堡（今怀安）长达500千米的铁路沿线上。其部署的特点是：蒋系部队3个兵团、8个军、25个师，防守北平及其以东地区，傅系部队1个兵团、4个军、17个师（旅），防守北平及以西地区。

蒋介石、傅作义虽然在方针上已统一于暂守平津线上，但蒋介石、傅作义两系部队，仍然各有打算，即在战局不利时，分别向南和向西撤退。傅作义一面准备在3至6个月内扩充20万至50万部队加强防御力量，一面在归绥（今内蒙古中部地区）屯集粮草、作战物资，做退回其老巢的准备。

中央军委和毛泽东洞察形势，马上识破了傅作义在固守平津的同时，又想西退的心态，决定提前发起平津战役，制定了作战方针，其基本精神是：将敌抑留华北，分割包围，就地歼灭。

1948年11月18日，毛泽东定下东北野战军提早入关的决心，电示林彪、罗荣桓、刘亚楼：

毛泽东、周恩来在西柏坡中共中央军委作战室

"立即令各纵队以一二天时间完成出发准备，于 21 日至 22 日全军或至少 8 个纵队取捷径以最快速度行进，突然包围唐山、塘沽、天津三处，不使敌人逃跑。"

林彪、罗荣桓、刘亚楼 19 日复电，遵令于 22 日出发（后经中央军委批准于 23 日出发）。

就地歼灭傅作义集团，首要的问题是能否抑留、抓住敌人。因为此时东北野战军尚未入关，仅靠我华北军区的现有兵力还不足以完全消灭敌人。

东北野战军于 11 月 23 日秘密入关，与华北野战军一起迅速建立起压倒敌人的绝对优势的战役部署。参加平津战役的部队有：东北野战军 12 个纵队（军）等共计 80 余万人，拥有火炮 500 余门，坦克、装甲车 40 余辆；华北野战军第 2、第 3 兵团 7 个纵队（军）等共 13 万余人；连同东北华北参战的地方部队，参战总兵力达 100 万人。以百万大军与傅作义集团 50 余万部队作战，人民解放军在华北战场上占绝对优势。

为了稳住傅作义集团和断敌退路，毛泽东指挥东北华北野战军，对傅作义集团首先建立起"隔而不围，围而不打"的战役部署。在完成战略包围，战役分割后，逐个解决敌人。

1948 年 11 月 29 日，华北第 3 兵团首先向张家口外围的国民党军队发起了攻击，在怀安、洗马林地区歼敌一部，拉开了平津战役的帷幕。12 月 2 日，对张家口形成了包围态势。傅作义未判明这是平津战役的开始，还以为这是华北部队的一次局部行动，而遂令其主力第 35 军及第 104 军第 258 师分别由丰台、怀来向张家口驰援，第 104 军西移怀来等。第一步就中了毛泽东的调虎离山计，将其主力第 35 军调出北平，使其有去无回。

东北我军先遣兵团的行动，使傅作义大为震惊，他以为我军将会直取北平，急令几天前西援张家口的第 35 军向北平撤退。

1948 年 12 月 22 日，我华北第 2 兵团攻克新保安，全歼敌第

35 军 15000 余人。24 日,华北第 3 兵团收复张家口,全歼敌第 11 兵团 5 个步兵师、2 个骑兵旅,共 54000 余人。连同外围作战在内,这次历时 25 天的战役,我华北第 3 兵团和东北野战军第 4 纵队等部队共歼灭敌人 65000 余人,自己仅伤亡 2900 余人,以极小的代价,打了个大歼灭战。

这样,整个大同以东,直到北平,全被我人民解放军控制,傅部向西突围已经不可能了。

新保安、张家口两战,傅作义的嫡系部队已基本被全歼,进一步促使他下定了起义的决心。

这时,敌军除在平绥线和平、津外围被歼的以外,在北平有 20 余万人,在天津有 13 万余人,在塘沽有 5 万余人。

我军的战略布局,原来是首先解放塘沽。因为北平、天津都是几百万人口的大都市,党中央和毛泽东为了使古都名城和几百万人民免遭战争破坏,开始准备先打下塘沽,控制海口,歼灭小的,孤立大的,做出个样子,迫使平、津守军放下武器。

但是,后来根据对地形的侦察,塘沽附近四周开阔,河流、盐田很多,而且冬不结冰。既不便于构筑工事,又不便于展开兵力;同时塘沽背面靠海,守敌侯镜如的指挥部设在军舰上,如果首先攻击塘沽,难以把守敌全部歼灭。这时,平、津守敌又表示不愿接受人民劝告,企图顽抗。首先攻击塘沽,就将拖长解放平、津和解放全华北的时间。

根据这一情况,党中央、毛泽东改变原来意图,决定首先攻打天津之敌。

东北野战军立即组织天津前线指挥部,林彪、罗荣桓首长决定由东北野战军参谋长刘亚楼负责指挥攻打天津。

刘亚楼一向以干练著称,他根据天津的地形、河流情况以及敌人兵力部署,决定以 5 个纵队 22 个师夺取天津,以 4 个纵队东西对进,采取拦腰斩断,先南后北,先分割后围歼,先吃肉后啃骨

头，各个击破的作战方针。

天津围城兵力，达 34 万之多，几近 3 倍于敌，解放天津的条件成熟了。

刘亚楼风趣地说：

"我们这 34 万大军就像一只牢固的铁笼子，天津之敌就是一只老虎，就是困我们也要把他们困死在里面。"

作战部署很快获中央军委批准。

1949 年 1 月 10 日，中共中央电示：为着统一领导夺取平津，以林彪、罗荣桓、聂荣臻三同志组织总前委，林彪为书记，所有军事、政治、财政、经济、粮食、货币、外交、文化、党务及其他各项重要工作均归其管辖，以一事权而免分歧。

这一决策，为夺取天津，进而夺取北平，创造了有利的条件。

1949 年 1 月 14 日 10 时，随着天津前线司令部刘亚楼司令员一声令下，我 34 万大军发起了对天津守军的总攻。千门大炮首先

中共平津战役总前委——林彪（左 2）、罗荣桓（左 3）、聂荣臻（左 1）在指挥作战

"发言"，连续 40 分钟天崩地裂的轰炸，敌主要防御工事被摧毁。紧接着，我大部队进行突击。战至 15 日 15 时，全歼守敌 13 万人，俘虏天津警备司令官陈长捷。17 日，塘沽守军第 17 兵团部及第 87 军等 5 个师 5 万余人乘船南逃，其后尾 3000 余人被追歼，塘沽解放。

新保安、张家口、天津相继解放后，驻守北平的国民党军华北"剿总"，第 4、第 9 兵团部，第 13、第 16、第 31、第 92、第 94、第 101 军和重建的第 35、第 104 军等部，共 8 个军 25 个师，连同特种兵和非正规军总计 25 万人，陷于绝境。中共中央军委鉴于北平是驰名世界的文化古城，为保护文化古迹和 200 万人民的生命财产，决定争取通过谈判和平接管，同时命令部队准备在谈判不成时以战斗方式夺取之。

平津战役发起后，在强大的军事打击和强有力的政治攻势的敦促下，傅作义先后于 1948 年 12 月 15 日、1949 年 1 月 7 日和 1 月 13 日，三次派代表到平津前线司令部进行谈判。经过三次谈判，傅作义终于在 1 月 21 日与平津前线司令部达成和平解决北平问题的协议。1 月 22 日至 31 日，驻北平的国民党军撤出城外，听候改编为人民解放军。1 月 31 日，人民解放军在人民的欢呼声中开入北平城内进行接管。至此，北平和平解放，平津战役结束。

北平的和平解放，毛泽东创造了将国民党军和平改编为人民解放军的"北平方式"，成为毛泽东提出的以"八项条件"解决国民党军的第一个榜样。这一举动争取了大批国民党军高级将领和建制部队站到人民方面来，是中共中央战略指导的一大成功。

平津战役历时 64 天，东北野战军和华北军区部队成功地将国民党军傅作义集团抑留于华北地区，进行战略包围和战役分割，予以各个歼灭，并以军事压力与政治争取相结合，实现了北平守军的和平改编。共计歼灭和改编国民党军华北"剿总"及 3 个兵团部、1 个警备司令部、13 个军部、51 个师（包括战役中新建和重建的

9

军、师），连同非正规军总计 521000 人。人民解放军伤亡 39000 人。平津战役的胜利，连同辽沈战役、淮海战役的胜利，是毛泽东关于战略决战思想的伟大实践，使国民党丧失了三大精锐战略集团，国民党的统治基础发生了根本动摇，从而为解放战争在全国取得胜利奠定了巩固的基础。随着平津战役的胜利，傅作义部在绥远的部队共 8 万余人于 1949 年 9 月 19 日通电起义，走向光明的道路。毛泽东又成功地创造了"绥远方式"。这是对"不战而屈人之兵"的新发展，是以小的代价换取大的胜利的最佳战略。

平津战役作战地区略图

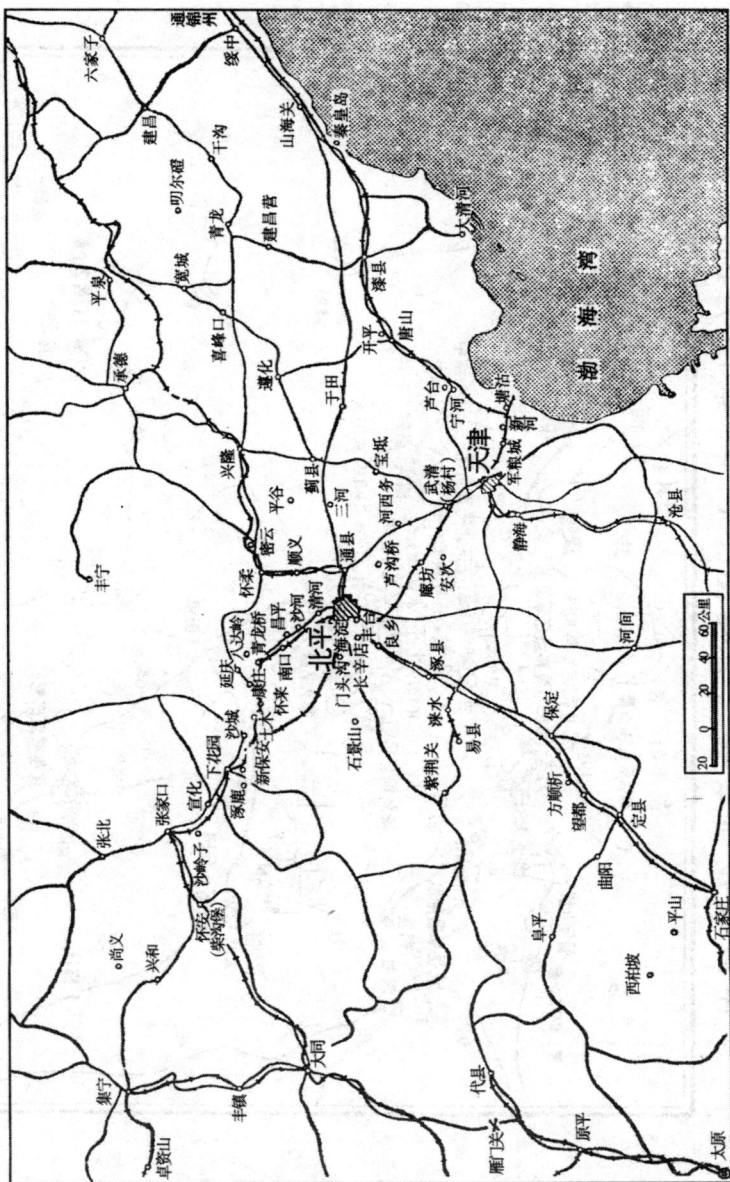

ZHONGWAIZHANZHENGCHUANQICONGSHU

平津战役前敌我态势要图（1948年11月28日）

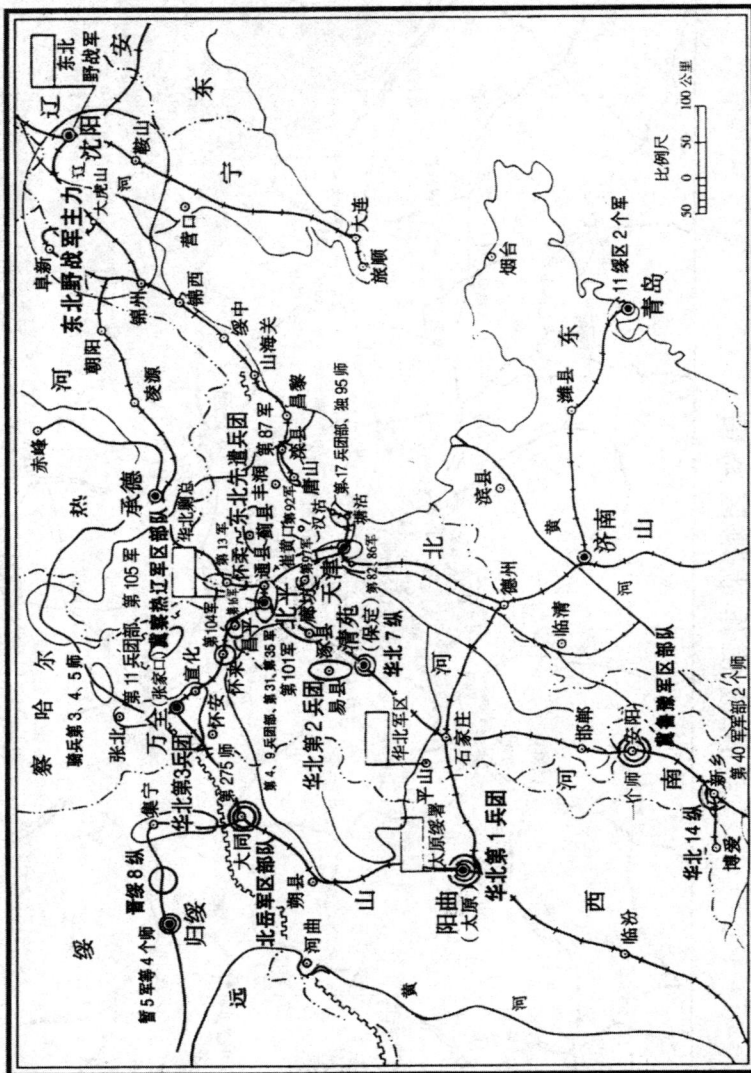

东北野战军

比例尺

东北野战军主力

辽
沈阳
宁
安
东
阜新
锦州
锦西
朝阳
凌源
绥中
山海关
昌黎
承德
热
华北剿总
东北先遣兵团 第87军
独95师
第17兵团部
唐山 深县
第104军
昌平 天津
通县 顺义
塘沽
第13军
怀柔 密云
第101军
涿县 廊坊
第92军
塘沽 第82军 86军
华北第2兵团
保定 华北7纵
易县
清苑（保定）
河北
德州
临清
黄
济南
山
沧县
滨县
烟台
青岛
11绥区2个军
赤峰
河
第11兵团部
张北（张家口）
万全 宣化
怀安
华北第1兵团
华北军区
第4、9兵团部、第31、35军
平山
石家庄
华北第3兵团
宁城 第35军
暂宁
怀安
第275师
阳曲
大同
北岳军区部队
阳曲（太原）
大原绥署
太原
山
河曲
繁县
黄
河
西
临汾
邯郸
安阳
南
新乡
冀鲁豫军区部队
博爱
华北14纵
第40军部2个师
冀鲁豫军区部队 一个师
一个师
绥
远
暂第5军等4个师
归绥
晋察冀军区部队
晋绥第3、4、5师
察 哈 尔
第105军
冀察热辽军区部队
北平
晋绥8纵
大连
营口
旅顺
东
黄
100公里
50

二、文章从西线做起

毛泽东筹谋华北大战

1948 年 11 月 2 日，歼敌 47 万的辽沈战役宣告结束。这一伟大胜利，使得敌我双方总兵力的对比发生了根本性的变化，中国的军事形势进入一个新的转折点。我军不但在质量上早已占有优势，而且在数量上也开始超过对方。

辽沈战役胜利结束，东北野战军成为强大的战略机动力量，随时可以入关作战。被华北军民孤立于北宁路、平绥路的傅作义集团，面临东北野战军和华北野战部队的联合打击，惶惶不可终日，犹如"惊弓之鸟"。发起平津战役的条件业已成熟，华北决战的局面开始出现。

为适应革命战争的发展需要，1948 年 5 月 9 日，中共中央、中央军委在河北省阜平县城南庄作出决定，将晋察冀和晋冀鲁豫两个战略区及其领导机构合并，成立中共中央华北局，刘少奇兼第一书记，薄一波、聂荣臻分别任第二、第三书记；成立华北军区，聂荣臻任司令员，薄一波任政治委员，徐向前任第一副司令员，滕代远任第二副司令员，肖克任第三副司令员，赵尔陆任参谋长，罗瑞卿任政治部主任；成立华北联合行政委员会，9 月，正式成立华北人

中共平津战役总前委、中共中央华北局、华北人民政府、北平市的领导人在一起。从左至右为叶剑英、罗荣桓、彭真、薄一波（背向者）、林彪、聂荣臻、董必武

民政府，董必武任主席。这时，华北野战部队已发展到 3 个兵团、11 个步兵纵队、33 个旅（包括 2 个炮兵旅），连同地方部队总计 46 万余人。

此时，华北国民党军已被孤立于北宁路的山海关、唐山、天津、北平，平绥路的张家口、大同、归绥（今呼和浩特）以及承德、保定、太原等点线上，这种局面，对东北野战军入关，会同华北野战部队对国民党军实施分割、包围、歼灭极为有利。

1948 年 10 月下旬，蒋介石、傅作义合谋调集第 16 军、第 35 军、第 44 军、2 个骑兵师及爆破队，偷袭中共中央所在地河北省平山县的西柏坡和华北人民政府所在地石家庄，企图以此摆脱困境，从危机中找转机。这一行动被我军发觉后，10 月 29 日，毛泽东给东北野战军司令员林彪、政治委员罗荣桓、参谋长刘亚楼连发三电，通报敌人企图偷袭平山、石家庄的情况，商调位于锦州以南塔山的东北第 11 纵队，进至蓟县、三河地区，威胁北平，策应华北

第2兵团粉碎敌偷袭石家庄的企图。林彪、罗荣桓、刘亚楼接电后，立即决定以第4、第11纵队和3个独立师、1个骑兵师，由东北野战军第2兵团司令员程子华、参谋长黄志勇率领，先遣入关作战，敌偷袭部队遭到我华北第7纵队和地方部队的阻击，又发现华北第2兵团已赶到曲阳、完县一带，既不能前进，又恐被切断退路，遂即撤回。

蒋介石、傅作义此举，不但未能扭转危局，反而加重了危机，东北先遣兵团10万大军迅速入关，为提前发起平津战役作了准备。

1948年11月初，东北卫立煌集团在辽沈战役中被歼，全国军事形势发生重大变化。接着，华东、中原两大野战军发起淮海战役，战略决战进入高潮。毛泽东指出：中国的军事形势现已进入一个新的转折点，再有一年左右的时间，就可能将国民党反动政府从根本上打倒了。

东北野战军80万胜利之师待机入关，孤悬于平津地区的傅作义集团是守是撤，蒋介石、傅作义各有打算。

蒋介石的企图是：将傅作义集团撤至华东，加强长江防线，巩固江南，或加强徐（州）蚌（埠）会战力量。

傅作义则恐其嫡系部队被蒋介石吞并，不愿南撤，准备暂守平津，不得已时西退绥远老窝；同时，还想与共产党谈和，成立华北联合政府，以保存实力。

在此期间，美国政府看到蒋介石难以扭转败局，积极策动国民党内部的倒蒋活动，并大力扶植地方实力派。傅作义也是美国政府企图扶植的对象之一，这种情况助长了傅作义扩充实力，固守平津，以观时变的打算。

由此可见，蒋介石、傅作义、美国三方，为了自身的利益，各有打算。

1948年11月4日，蒋介石在南京召开高级军事会议，研究华北作战对策。傅作义应召飞抵南京，刚下飞机，国防部部长何应钦

便转达蒋介石要他率部南撤，并许以"东南军政长官"之意。

傅作义心中十分明白，在华东、中原解放区与华北解放区连成一片的情况下，几十万军队南撤，谈何容易，没等撤出，恐怕就被解放军打得差不多了。蒋介石所看重的，并不是他傅作义的指挥才能，而是他还有自己的基本部队，一旦其基本部队没有了，他在蒋介石面前就一钱不值。为了使蒋介石不逼得太紧，他以进为退，在会上以主战的姿态，提出"固守平津塘倚海作战"的主张，力陈固守华北是全局，退守江南是偏安，非不得已时，不应南撤。

傅作义的慷慨陈词，又勾起了蒋介石反败为胜的幻想，因为若能保住华北，他当然不愿撤出。同时，蒋介石也考虑到东北野战军在辽沈战役后，需要较长时间的休整才能入关，华北"不致遽受威胁"，而固守平津，钳制东北、华北野战部队南下，对南线作战也属有利。据此，蒋介石确定了固守平津，置主力于津沽，以利尔后行动的方针。

会议一结束，傅作义马上飞返北平。傅作义依据蒋介石确定的作战方针，为集中兵力防守平津，于11月中下旬，先后放弃了承德、保定、山海关等地，对防御部署作了如下调整：

以第17兵团计5个军、16个师，防守天津、唐山、塘沽、廊坊等地区；华北"剿总"率第4、第9兵团计6个军、18个师，防守北平及南口、密云、怀来、涿县、通县等地区；以第11兵团率1个军共8个师（旅），防守张家口、宣化、张北、怀安等地区。

这个一字形长蛇阵部署东起塘沽、西至张家口，在长达500千米的铁路沿线上，共部署了4个兵团、12个军、42个师（旅），50余万人。其部署的特点是，蒋系部队控制北平以东，傅系部队控制北平以西。同时，傅作义还制定了3至6个月内扩充20万至50万军队的计划，他一边派人到天津为华北"剿总"从北平东移作准备，一边又在归绥屯集粮草做西退准备。所有这一切，暴露了傅作义既要守又想撤的矛盾状态。但这已为外界所看破，法新社电讯就

16

聂荣臻（左2）和程子华（左4）、彭明治（左5）、黄志勇（左7）、刘道生（左1）刘仁（左6）在东北第2兵团指挥部

说："坚守乎？西撤乎？傅作义正在打算盘。"

中央军委和毛泽东洞若观火，马上识破了傅作义在固守平津的同时，又想南撤西退的心态，决定提前发起平津战役，制定了作战方针，其基本精神是：将敌抑留华北，分割包围，就地歼灭。

这时，按照东北野战军总部的计划，除由第2兵团司令员程子华、参谋长黄志勇率领第4、第11纵队等部队作为先遣兵团，先期入关外，其他11个纵队，都在原地休整。拟从11月初休整到12月15日为止。但是，大约只休整了10天，当各部队都在忙于召开各种会议，总结战斗经验，评选功臣模范，调配干部，补充新兵，准备武器弹药的时候，中央军委来了急电，要求东北野战军全部提前入关，参加平津战役。电报一份接一份，开始是商量，征求意见，后来是正式下达命令。

这一来，从东北野战军首长，到各个纵队领导，都感到时间仓促，困难很多。原因是部队疲劳，思想波动大，东北籍的干部、战士不愿离开家乡，有的害怕走路太远，有的开始滋长享受情绪；同

时，有些部队在辽沈战役中减员太多，如第 3 纵队就死伤 1 万余人，新兵的补充，俘虏的教育，都需要时间。加上天气越来越冷，而指战员们的棉帽、棉鞋、冬大衣等都还没有发下来。

但是，命令是必须执行的，纵有天大的困难，也必须克服。

为了不失时机地歼灭傅作义集团，使东北野战军首长明了当前形势和中央军委的决心，1948 年 11 月 17 日 22 时，周恩来起草了以中央军委名义发给林彪、罗荣桓、刘亚楼的电报。对此电毛泽东十分重视，进行了认真审核、修改。电文首先分析了当时全国的战争形势，指出：正在进行的淮海战役，我军已经歼灭黄百韬兵团 5 个军 10 个师的大部，余部亦将就歼。在我军胜利的威慑下，蒋介石必将考虑其长江防线问题。但他在长江下游南北两岸只有 18 个师；白崇禧控制的 23 个师，在长江中游布防，不能离开。他要加强长江防线，只有从华北和西北两处调兵。西北胡宗南的 31 个师还担负着掩护四川和西南的作战任务，不敢轻易调动。这样他能调动的机动兵力就只有华北由傅作义统一指挥的 44 个师中抽调蒋系 24 个师。从各种迹象看，蒋介石有可能不调华北的兵力，或者傅作义不服从调动，"但是，我们的计划应当放在他可能调动一点上"。电文又强调指出：

"从全局看来，抑留蒋系 24 个师及傅系步骑 16 个师于华北来消灭，一则便利东北野战军入关作战，二则将加速蒋匪统治的崩溃，使其江南防线无法组成"，"但欲抑留蒋、傅两部于华北，依华北我军现有兵力是无法完成的"。

这就是说，从战略全局考虑，东北野战军必须早日挥师入关！于是，中央军委决定，东北野战军提前入关，会同华北军区部队发起平津战役。

林彪、罗荣桓看着电报，都深感中央军委分析形势精辟，战略眼光远大。

不让敌人逃跑的问题，是这样尖锐地摆在东北野战军面前。这

个指示一传达，指战员们人人斗志高昂，个个摩拳擦掌，一致表示：

早日打进关内去，决不能让敌人跑掉！

1948年11月18日，毛泽东定下东北野战军提早入关的决心，电示林彪、罗荣桓、刘亚楼：

"立即令各纵以一二天时间完成出发准备，于21日至22日全军或至少8个纵队取捷径以最快速度行进，突然包围唐山、塘沽、天津三处，不使敌人逃跑。"

林彪、罗荣桓、刘亚楼19日复电，遵令于22日出发（后经中央军委批准于23日出发）。

中央军委、毛泽东制定的作战方针，其目的是将傅作义集团抑留华北平、津、张地区就地歼灭，不使蒋介石加强长江防线，以加速全国解放的进程。

就地歼灭傅作义集团，首要的问题是能否抑留、抓住敌人。因为此时东北野战军尚未入关，仅靠我华北军区的现有兵力还不足以完全消灭敌人。那么，就要想法抓住敌人，不让其逃跑。

毛泽东全局在胸，精心运筹，决定首先从西线发起攻击，攻其必救，引敌西援，为东北我军主力入关争取时间，先完成分割包围，再各个歼敌，作出了环环相扣的部署：

（1）华北第3兵团迅速由集宁东进，包围张家口之敌；华北第2兵团由曲阳进至易县、紫荆关，东北先遣兵团在蓟县待机。待敌西援后，该两兵团迅速切断平张线，协同华北第3兵团攻打线上诸敌。

（2）东北主力入关后，切断平津、津唐、唐塘之间的联系，完成分割包围，尔后会同西线部队从容各个歼敌。

同时，为稳住傅作义和隐蔽战略意图，除决定撤围归绥和停攻太原外，令东北野战军主力走热河、出冀东，不走山海关，夜行晓宿，秘密入关；还实施了战略伪装、欺骗措施，在东北野战军出发

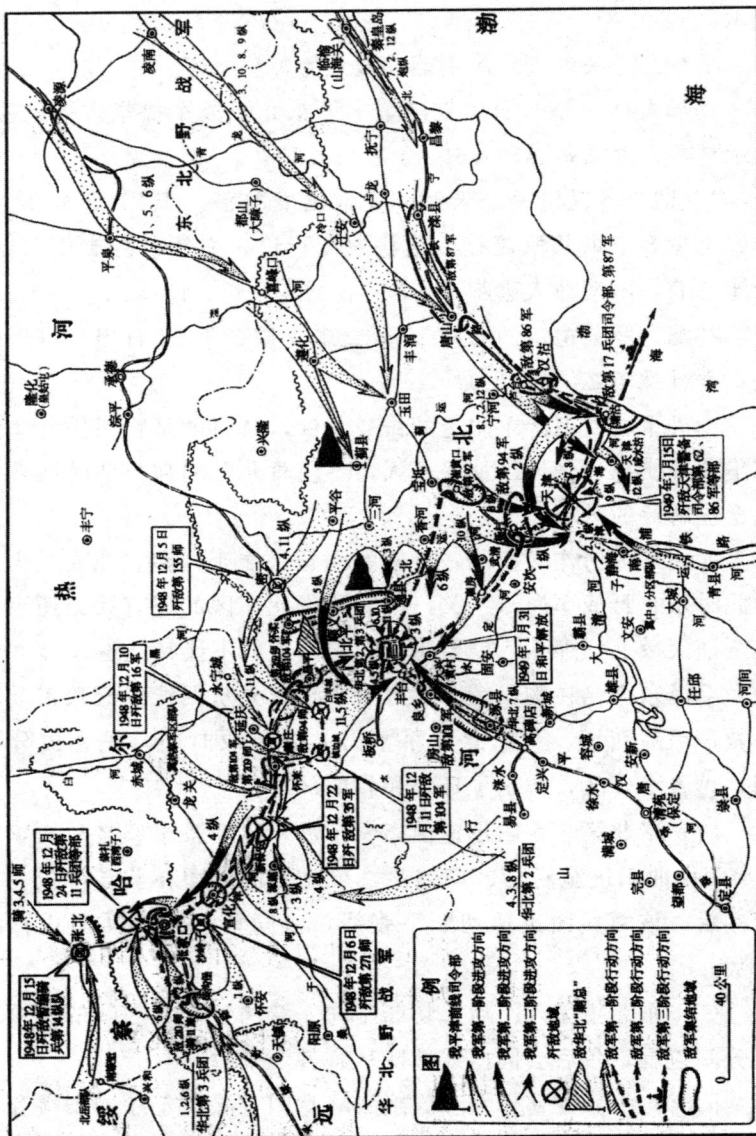

平津战役要图（1948年11月—1949年1月）

后，又指示新华社、广播电台多发表东北野战军在沈阳等地祝捷、庆功、练兵、开会以及林彪在沈阳地区活动的消息，以假隐真，以迷惑麻痹敌人。

此外，中央军委还趁民主人士符定一到石家庄传递傅作义有和谈意向之机，设法转告傅作义派正式代表来谈判，以稳住傅作义，使其不下走的决心。

卡着咽喉

中央军委和毛泽东制定的作战方针和确定的作战部署，是挥动东北野战军、华北野战部队这两大战略集团，对傅作义集团巧妙地实施战略包围和战役分割，切断其南撤西退之路，将敌由"惊弓之鸟"变成"笼中之鸟"，以实现抑留华北就地歼灭的战役目的。

平绥路是连接傅系军队后方绥远（现内蒙古自治区）的生命线，张家口为平绥路之战略要冲。包围张家口，切断平绥路，便能抓住傅系，拖住蒋系。毛泽东知己知彼，判断准确。他在1948年11月27日发给东北先遣兵团和华北第2、第3兵团的电报中指出：

敌人在张家口、宣化、怀来地区有8个步兵师、3个骑兵旅，包围这些敌人后，位于北平附近的第16军、第35军等有极大可能增援上去，只要你们在12月份内能抓住扭打上述步骑16个师、旅于平张线上，并歼灭其一部，打得该敌不能动弹，不能西逃也不能东窜，那就是极大的战略上的胜利。

以后又指示华北第3兵团：

你们任务是务必包围几部敌人，以便调动东面敌人西援，故不

重在歼灭，而重在包围。你们包围几部敌人之后，紧紧筑工围好，不使跑掉，至要。

华北第3兵团司令员杨成武、副政治委员李天焕率第1、第2、第6纵队，于11月25日、26日从绥远秘密地迅速东进，奔赴张家口、宣化地区。整个东进的路上，到处都是我军的队伍，红旗猎猎，战马嘶鸣，部队情绪高昂，斗志旺盛。

杨成武骑在马上，看着向东奔流的大队人马，心里领悟着毛泽东主席赋予第3兵团任务的深广内涵，越想越觉得毛主席高瞻远瞩，令人叹服。

张家口位于北平西北约180千米，是傅作义守卫北平的战略重地，又是其西逃归绥（现呼和浩特市）的必经之路。它东、西、北三面环山，南临大洋河，北靠古长城，地形北高南低，城南地形较开阔，有平绥铁路，平张公路通过。清水河贯穿南北，城北是一条狭长的川谷。

凌晨，在万道霞光中，张家口这座为全国人民所瞩目的英雄山

聂荣臻和杨得志（左2）、罗瑞卿（左5）、杨成武（左3）、李天焕（左1）在平津前线

城，已经出现在地平线上。古长城、东西太平山和市内的建筑依然如故。

部队到达作战地区，按军委指示，首先包围张家口、怀安、柴沟堡、周家河之敌。

侦察得知，驻守柴沟堡之敌是第21师，已闻风撤至张家口外围的孔家庄一线，只留下骑兵第12旅2个连和保安部队。11月30日拂晓，第2纵队第5旅迅速全歼柴沟堡守敌，当晚乘胜进攻占领左卫。与此同时，第1纵队占领怀安，接着，渡过洋河占领沙岭子，切断张家口与宣化的通道。第6纵队攻占万全、郭磊庄，俘敌2000余人。这样，我华北第3兵团已从东、南、西三面逼近张家口，北岳军区部队和骑兵第3、第5师从北面包围了张北之敌，给傅作义集团西线以严重威胁。

部队按照中国共产党中央革命军事委员会主席毛泽东的战略部署行动，果然调动了敌人。在北平附近的敌第35军和在怀来的第104军（即暂编第3军）第258师，30日分乘火车、汽车增援张家口，并向万全反扑；怀来的敌第310师增援宣化。

这样，敌军在张家口就集中了1个兵团、2个军、6个步兵师、2个骑兵旅、2个保安团；在宣化有2个师、1个保安团。

上述情况，通过红色电波，迅速传到了西柏坡党中央所在地。毛泽东得悉，我军的行动达到了吸引平津之敌西援的目的，十分高兴，于1948年12月1日、2日接连电示第3兵团，务必包围几部敌人，加紧构筑工事，把敌人围住，不让跑掉。

第3兵团司令员杨成武依令而行，傅部的嫡系大部被我军包围和牵制在张家口地区。

我第3兵团3个纵队8个旅，包围这么多敌人，就像是做包子时薄皮包了大馅。敌我双方的包围和反包围，将是一场激烈严峻的较量。摆在杨成武面前的，首先是如何牢牢地抓住敌人。

此时，华北第2兵团的主力还在易县、唐县一带，毛泽东电令

华北第 3 兵团由集宁地区向张家口前进

他们经紫荆关、涿鹿向宣化、下花园疾进，以协同第 3 兵团完成包围割断傅部主力的任务。

东北我军第 13 兵团，是先行进关的部队，这时远在几百里外北平以东的蓟县。毛泽东命令他们经密云向怀柔、南口间疾进，准备击退北平向西增援之敌。

当时，在第 3 兵团东边，冀热察军区的部队占领了沙城、土木，破坏了下花园至怀来的铁路；第 4 纵队第 12 旅占领了新保安。

在这紧张的时刻里，东北我军分路经冷口、喜峰口越过长城，陆续入关，向平、津疾进。

1948 年 12 月 1 日，敌人向我第 3 兵团各部发起攻击。两军鏖战竟日，直到夜色深沉时，三面的枪声才逐渐停息下来。

这一天，敌人付出了几千人的重大伤亡，仅仅占领了个别点线，还是没能挣脱包围网。

杨成武骑上战马，从前沿回兵团指挥所。12 月初的张家口，

华北第3兵团包围张家口后，指战员在构筑工事

已是滴水成冰，北风吹来，含着飕飕的冷气和浓烈的硝烟气味，杨成武挽着马缰缓缓而行，在谋划着明天更激烈的战斗。

东北我军先遣兵团的行动，使傅作义大为震惊，他以为我军将会直取北平，急令几天前西援张家口的第35军向北平撤退。

敌第35军是傅作义赖以看家的"王牌"嫡系，战斗力颇强。11月2日8时许，张家口之敌第35军第267师及宣化的第271师1个团，在铁甲列车支援下，由张家口、宣化两地同时向我第1旅阵地夹击，妄图互相打通联系，一起东撤。

华北第3兵团第1纵队唐延杰司令员判断，进攻之敌兵力不大，可能意在驱逐我军，恢复张家口、宣化间交通，当即命令第1旅坚决阻击进攻之敌，确保"切断成果"。8时40分，第1旅第2团在屈家庄、太师湾地区与敌展开激战。在敌火力兵力均占优势的

华北第 2 兵团由紫荆关向平张线疾驰

东北野战军先遣兵团由蓟县开向平张线

情况下，第 2 团指战员奋力抗击，不断以反冲击的手段与敌人展开激烈的争夺。该团第 4、第 8、第 9 连连续打退敌人 2 个团的 5 次进攻，守住了阵地。

战至下午 4 时，为加强防御力量，第 1 纵队命令第 2 旅黄昏渡过洋河，占领上、下八里庄和朱家庄、陈家庄地区，背靠第 1 旅，面向东南，组成环形防御。第 3 旅第 8 团当晚进至上、下八里庄之间阵地，进一步加强了防御的稳固性。

敌人没能打通联系，第 35 军郭景云急了眼，不顾凌晨哈气成冰的严寒，11 月 3 日 6 时许，指挥第 35 军及骑第 5 旅大部在炮兵、空军支援下，向我第 1 纵队阵地再次发起猛烈进攻。

敌约 1 个师的兵力向我防御二台子地区的第 3 团阵地发起猛烈攻击，敌人是"王牌"师，装备优良，战术技术都堪称一流，激战至 8 时，第 3 团第 2、第 3 营阵地相继被突破，敌骑兵沿清水河向鹊突地迂回。防守鹊突地的第 1 营因三面受敌，加之工事不坚，在敌众我寡的情况下，被迫撤出战斗。由于第 3 团阵地失守，第 1 旅左翼暴露。13 时，榆林堡之敌 1 个团及骑兵 500 余人向第 1 旅第 1 团第 2 营阵地攻击。激战至 16 时，该营伤亡过半，阵地失守。

此时，第 1 旅已处于三面受敌、背水作战的不利态势。

宣化之敌 2 个团，为策应北面之敌的进攻，上午 10 时，分两路向第 2 旅第 5 团的上、下八里庄阵地攻击。该团顽强阻击，战至下午 3 时 30 分，将敌击退，守住了阵地。同时，第 3 旅第 8 团已进至三台子、大王庄地区，对宣化、辛庄段铁路、公路实施破袭。17 时，敌大部撤回张家口、宣化两地。

我华北第 3 兵团第 1 纵队从 12 月 1 日奔袭沙岭子，切断张家口、宣化之间敌人的联系后，大战 3 天，连续击退敌人 3 个师兵力的多次进攻。敌人付出了很大代价，仅攻占了几处阵地，始终未能实现打通张家口、宣化联系的企图。

经过 3 天战斗，我第 1 纵队伤亡较大，经兵团同意，遂调整部署。第 1 旅撤回洋河南岸，第 2 旅在东南望山继续监视敌人，第 3 旅在宣化南西树营、江家屯地域待命。

敌人攻不动我第 1 纵队阵地，又转移主要突破地段，于 12 月 4

日向沙岭子进攻，从早晨一直打到黄昏，整整激战一天，仅占领我军部分阵地。

第35军撤不回，北平危急，傅作义再也沉不住气了，急忙飞到张家口，召开高级将领会议，给他的将领们壮胆鼓气，调整部署，命其突围。会后，傅作义于当天又返回北平。

可是，就在第二天，我东北先遣兵团攻克了密云，向平张线前进。这一下，傅作义更慌了，再次急令第35军立即撤回北平。

12月5日拂晓，我第1旅将部队撤到沙岭子铁路两侧，时逢降雪，北风呼啸，雪花漫天飞舞，狂风又把地上的积雪卷起，张家口、宣化公路两侧长满了树木，树枝上积满了雪花，到处白茫茫一片，既看不清什么，也听不到什么。敌第35军2个师在接应部队的策应下，于6日凌晨乘400辆汽车趁机向东逃窜，于当日晚到达下花园地区。7日继续东撤。

为了救出第35军，傅作义命令第104军、第16军西开接应。当到距第35军只有4千米时，敌第35军被我冀热察部队和华北第2兵团第4纵队第12旅阻止于新保安附近地区。8日拂晓，克服饥寒刚赶到新保安地区的华北第2兵团第3、第4纵队即投入战斗。9日，在新保安以东地区截住了东逃的敌第35军，同时堵住了西援的敌第104军，使两敌只隔4千米却不能会合，并迫使第35军退回新保安，第104军退回怀来。9日这天，正当我华北第2兵团主力在新保安以东地区遭敌第35军、第104军两面夹击的关头，东北我军第13兵团赶到平绥线，向敌发起进攻，在康庄、岔道歼灭敌第16军军部、第109师和第22师一部；敌第104军见后路被截，便置第35军于不顾，掉头东逃，被我军歼灭于途中。

然而，敌主力第35军侥幸由张家口逃了出来，又被我华北第2兵团包围于新保安。

东北野战军先遣兵团追歼国民党军第16军、第104军主力。
这是战场的一角

围而不打

在毛泽东设计的平津战役的战略部署中,拖住敌第35军是重要的一环,而此环此时却出了问题。毛泽东得到消息,非常生气,以严厉措施,于12月7日发电批评华北第3兵团领导和第1纵队,不应让敌第35军由张家口逃掉。

对于这个错误,兵团领导承担了责任,向中央军委做了检讨。就此事,兵团对部队进行了严肃的批评教育,处分了该旅第1团主要负责干部。

这次失误,是坏事,但又是好事。它提醒杨成武不论气候如何恶劣,也一定要堵住敌人,不能再让张家口的其他敌军跑出来。给各部队下了死命令,决不准敌人突围,从哪里突围,哪里要负全责。部队上下,听说毛主席直接来电批评,立时理解了自己岗位的重要性,全体指战员群情激昂,决心打好这一仗,为部队争光,让

毛主席放心。

各部队纷纷加修工事，调整部署，紧缩包围。

我军第1纵队于12月6日晚全部占领沙岭子和飞机场，完全截断张家口、宣化通路。一举歼灭敌第271师，俘虏该师师长，乘胜解放宣化，迫使敌第103师逃进张家口，第1纵队受到了军委电令嘉奖。第2纵队和第6纵队也紧缩包围圈。继之，各纵队占领了轿顶山、西甸子、十三里营坊等外围据点。北岳军区部队及骑兵第3师、第4师、第5师解放张北。李井泉率领的第8纵队在集宁待命。

这样，第1纵队、第2纵队、第6纵队，形成了第一道包围圈；各骑兵师和王平率领的北岳军区的地方武装，形成了第二道包围圈；第8纵队和晋绥的地方武装，形成了第三道包围圈。

张家口之敌，被我军严严实实地包围了起来。敌人曾多次试图突围，均被我军击退。

为严密包围张家口之敌和防止宣化之敌向张家口收缩，第3兵团第1纵队再次切断了张家口、宣化之间的联系。

6日22时，第1旅第2团在屈家庄附近歼敌第271师1个迫击炮连。在审讯俘虏中得知，第271师全部正向张家口集结，原来企图经飞机场到张家口，因发现有我军阻击，故绕道屈家庄、太师庄行进。

敌第271师向张家口收缩的整个情况，第1纵队领导并不十分清楚，是在第1旅、第3旅和敌遭遇后才知道的。纵队领导作为战役级指挥员，经过毛泽东的批评，增强了战略意识，进一步理解了中央军委和毛泽东的战略意图，研究认为，不能让第271师收缩到张家口，应趁夜暗的有利条件，迅速抢占要点，割裂敌人，速战速决，将敌人歼灭于运动中。

7日10时，在纵队统一号令下，各旅对被包围之敌发起总攻。

数万大军，如排山倒海之势，一齐杀向敌人。

战至 12 时，被围之敌除 500 余人向北逃窜外，其余全部被我军歼灭，敌师长张进修、副师长梁超被我军活捉。

到 12 月 13 日，我第 3 兵团在平绥线共歼灭了敌人 2 个军 5 个师。敌第 11 兵团部、第 105 军军部和 7 个师（旅），被我第 3 兵团包围在张家口。毛泽东的严厉批评，化作了巨大的战斗力。

此时，第 35 军军部和 2 个师，被第 2 兵团包围在新保安。我军控制了南口、八达岭要地。这样就迫使敌人将天津、塘沽地区的第 92 军、第 94 军（2 个师）和第 62 军第 157 师调到北平以西布防。

至此，我军分割包围北平、天津、塘沽地区敌人的有利态势已经形成。

这时，韬略高深的毛泽东指示华北第 2、第 3 兵团：暂缓攻击张家口和新保安，并且要他们在两星期内"围而不打"、"隔而不围"，由西而东逐次将敌人抓住。因为这时东北我军正在进行战役开进，没有对北平、天津、塘沽的敌人完全分割、包围，如果先歼灭了新保安的敌人，不仅会使张家口的敌人向西突围，还会使南口以东的敌人迅速决策逃跑。为了防止这种可能，毛泽东不仅指示西线的部队"围而不打"，而且指示东北野战军对北平、天津、塘沽的敌人施行"隔而不围"，只做战略包围，隔断诸敌的联系，而不作战役包围。这主要是为了在完成战役部署以前，先稳住敌人，使敌人难于察觉我军真正的战略意图。除此以外，为了麻痹敌人，防敌南逃，毛泽东还命令中原、华东野战军两星期内在淮海战场上不作最后歼敌部署，使蒋介石难以下定从海上撤退北平、天津军队的决心。同时，命令山东我军集中若干兵力控制济南附近一段黄河，并在胶济路上预作准备，防止敌人可能向山东烟台、青岛方向逃跑。

根据毛泽东的指示，冀中、冀南、北岳、冀鲁豫军区的部队和民兵，分别在津南、平南、沧县、保定、德州、石家庄东西地区构

筑了数道阻击阵地，防止敌人从陆上南逃。

这样，用兵如神的毛泽东就布下了天罗地网，使傅作义部不知不觉地完全陷入了我军的掌握中。

"围而不打"，就是不立即打，但又不能叫敌人跑掉。这真是一种特殊的战斗，每个指战员都要格外提高警惕。第3兵团完成了这个特殊的任务，取得了成绩。这时，毛泽东又热情地通电表彰他们。12月10日电称："我杨李兵团（1纵队）数日前曾于张家口、宣化间歼敌一个师大部并占领宣化，昨（九）日又英勇击退张家口敌主力多次突击，确保自己包围阵地（2纵）。"12月11日电称："你们昨日又击退敌人一次进攻，甚慰。"12月17日电称："攻克张北甚慰。"

毛泽东统帅军队赏罚严明，有功必赏，有过则罚，全体指战员心悦诚服。

笼中困兽

在华北战场这个大棋盘上，为了拖住傅作义，毛泽东早就胸有成竹地在挥动着另一颗有力的棋子，这就是华北第2兵团。

1948年11月18日，第2兵团司令员杨得志、政委罗瑞卿、参谋长耿飚等收到中央军委、毛泽东主席发来的电报。电报中说：

杨、罗、耿所部即在阜平待命，并准备随时向张家口附近出动，协同杨、李、李阻止敌人逃跑。

这是毛泽东为防止北平、天津、张家口、唐山敌军向西逃走所作的重要部署。

这是华北军区收到的关于平津战役的第一封电报。电文中的"杨、罗、耿"即华北第2兵团的杨得志司令员、罗瑞卿政委和耿

飚参谋长，"杨、李、李"即华北第3兵团的杨成武、李井泉、李天焕。

11月20日，杨得志、罗瑞卿他们收到了毛泽东发给林彪等人并转告他们的电报，指出杨得志、罗瑞卿、耿飚2个纵队既可执行包围张家口，阻止傅部西退的任务，亦可执行切断北平、天津的任务。不难看出，毛泽东是将他们作为重要机动兵力使用的。

11月24日午夜，杨得志、罗瑞卿又收到了毛泽东发给第3兵团并转告他们的电报。这份电报命令第3兵团撤围归绥，秘密东进，以奇兵突袭的方式进至张家口、宣化一带，不使敌人向东跑掉，等候东北主力入关。还命令第1兵团停止对太原的攻击，以免吓跑傅作义。

杨得志、罗瑞卿、耿飚兵团就这样进入了平津战役的洪流。

毛泽东赋予杨得志、罗瑞卿、耿飚兵团第一项"最重要的任务"，是阻击傅作义的"王牌"军第35军，这一任务关系到平津战役的全局。

11月30日夜晚，杨得志、罗瑞卿、耿飚兵团经过数日连续行军，到达了毛泽东指定的紫荆关地区隐蔽待命。

第二天，当杨得志、罗瑞卿得知第3兵团对张家口外围之敌突然发起进攻，驻守北平的傅作义"王牌"军第35军、驻怀来的第104军遵傅作义之命，分别乘火车和汽车向西增援时，立刻意识到第2兵团这支奇兵该出动了。第3兵团进攻张家口，达到了吸引傅系主力于平绥线之目的。这是毛泽东为了调动北平的敌人而投下的一着好棋。现在敌人既已调动，第2兵团肯定有好仗可打。

罗瑞卿在思考敌第35军的动向，他问杨得志和耿飚：

"郭景云这个人怎么样？打仗有什么特点？"

"听说他有好多'点子'，"杨得志不无幽默地说，"不过在我们面前，他的这些'点子'起不了什么作用。"

国民党第35军军长郭景云绰号郭大麻子。傅作义麾下的诸多

将领中，郭景云名列前茅。第35军是傅作义付出多年的心血创建的，是傅作义的精锐之旅。傅作义敢于把"王牌"军交给一个陕西籍的郭景云，可见其对郭景云的器重。

当指战员们得知敌第35军被"调出北平"时，普遍发出了"跟第35军算老账"的呼声。这几年，第2兵团所属部队曾和第35军数次交手。

大家求战心切之际，为了关照全局，毛泽东又命令包围张家口的第3兵团"围而不打"，这就把西援的第35军拴住了。

罗瑞卿一边看地图一边对杨得志说：

"毛主席用兵真如神，敌人乖乖地听他的调遣。调出北平的敌人，把敌军分割开，以便我们各个吃掉，这一着很英明。"

杨得志也颇有同感，说：

"这篇'文章'大得很呢！越往后越有好戏唱，毛主席把舞台给咱们搭好了。"

12月2日，军委命令杨得志、罗瑞卿、耿飚兵团：兵出紫荆关，直逼涿鹿地区。

郭景云离开北平时，完全是一副"马到成功"的样子，他对傅作义和有关人员仅仅轻松说了句"去去就回来"。他似乎不是去打仗，而是去赶庙会。

国民党第35军一路顺利，很快到达张家口。

毛泽东看透了傅作义的心理，认为傅作义当时虽然还有西逃和南窜两种选择，但他的老窝在绥远，西逃的可能性不大。傅作义调第35军去解张家口之围，是考虑到东北林彪的部队暂时还不能入关，华北聂荣臻的几个兵团奈何他不得。当傅作义得知东北野战军已经开始入关，华北的杨得志、罗瑞卿、耿飚兵团已经出紫荆关时，感到情况严重，就马上命令郭景云火速返回北平。他不愿意把他的"王牌"军留在北平以外。

毛泽东估计到傅作义要丢卒保车，宁肯失掉张家口，也要第35

军退保北平，因为这关系到平津战役能否顺利发展。

军情紧急，刻不容缓。12月4日，毛泽东在一天之内连续发出三封电报给杨得志、罗瑞卿、耿飚。

当时，第2兵团指战员一起正在向北疾进。军令如山，这一天，真是急如星火。

毛泽东发出的电报一封比一封紧急。

第一封电报是4日凌晨2时发出的。电报中说：

估计暂3军尚在怀来及其以东地区。我杨、罗、耿应以最快手段攻占下花园地区一线，隔断暂3军与张（家口）、宣（化）敌之联系。并着重指出：攻占下花园一带，稳固地切断东西两敌的联系最为重要。

第二封电报是4日午后4时发出的。电文命令：

杨、罗、耿务以迅速行动，以主力包围宣化、下花园两处之敌，并相机歼灭之（先歼下花园之敌）。以有力一部隔断怀来、下花园之联系，确实阻止怀来及其以东之敌向西增援。并要求每日向军委报告军情。

这场阻击战关系重大。罗瑞卿等看到这些电报后，命令部队不顾一切地全速向下花园、宣化方向奔袭！当时，第2兵团行军全靠两条腿。行军途中，各单位的宣传员扯破嗓子，打着快板、呼口号，拼命地喊：

"抓住第35军！"

"堵住第35军！"

"追上第35军！"

"逮住第35军！"

几年战争，指战员们已经炼出了一双"铁脚板"。这几天，每日行军四五十千米。今天就是强行军了。

4日夜里9时，毛泽东发来第三封电报，强调指出：

杨、罗、耿务于明（五）日用全力控制宣化（不含）、怀来（不含）一段，立即动手构筑向东西两方的坚固阻击工事，务使张家口之敌不能东退，这是最重要的任务。并要求杨、罗、耿报告五日是否能到达宣怀线。

在4日这一天的时间里，毛泽东给全国各个战区发出了7份电报，其中三份是给杨得志、罗瑞卿、耿飚的。杨得志、罗瑞卿、耿飚当然明白，毛泽东指挥全国战场，指挥各个战略、战役集团的行动和作战，然而一天中即给他们第2兵团发来三封急电，可见对他们这支兵力的使用，毛泽东是何等重视。作为战役级指挥员，他们理解毛泽东的意图，决心拼死贯彻毛泽东的战略意图。

当毛泽东在电报中询问"杨、罗、耿明（五）日是否能到宣（化）怀（来）线？"时，第2兵团的绝大部分部队还在太行山区的崎岖山路上行军。山中只有羊肠小道，不利于大部队多路行动。但是为了完成毛泽东的战略部署，罗瑞卿亲自跑着动员大家加快步伐，以急行军的速度向前。因为这时速度就是胜利，敌第35军是机械化部队，行军速度快。

毛泽东于5日凌晨7时又发出电报：

杨、罗、耿应迅速控制宣化、怀来（不含）段，完成东西阻击工事，防止张、宣敌向东及怀来、南口敌向西，并相机歼灭下花园、新保安诸点之敌……

这一次，毛泽东不是询问他们是否到达，而是令他们迅速控制

宣化、怀来,这是紧急命令!

罗瑞卿忽然想起了留在平北的第4纵队第12旅。主力南下时,这个旅被敌人截留在平北。罗瑞卿同杨得志、耿飚商量后,立即给第12旅发电报,要求该旅"迅即占领下花园以东任何一个要点。尽力阻留敌人,争取时间,等待主力到达"。

这个电报至关重要。

部队稍事休息后,连夜开进。

凌晨,兵团部进至大洋河南岸。罗瑞卿同杨得志、耿飚一起来到大洋河边。河上没有桥,河面上结了一层冰,透过冰层,还可以听到水流声。

3个人正在商量渡河的方法,参谋又送过来一份电报。这份电报是毛泽东发给第3兵团并转发第2兵团和平津前线其他领导人的。

毛泽东的口气十分严厉:

我们多次给你们电令,务必巩固地隔断张、宣两处,使两处之敌不能会合在一起,如果1纵不够,应将2纵一部加上去……你们必须明白,只要宣化敌四个师(101军之271师,104军之250师、258师,105军之310师)不能到张家口会合,则张家口之敌即不会西逃;如果你们放任宣化敌到张家口会合(据我们所知张家口是5个步兵师3个骑兵旅),则不但张家口集敌9个步兵师3个骑兵旅,尔后难以歼击,而且随时有集中一起向西冲逃的危险。只要看敌人连日打通张、宣联系之努力,就可知敌人孤立两处之不利,而这种孤立对于我们则极为有利。因为我们可以先歼灭宣化四个师,再歼灭张家口5个步兵师3个骑兵旅。因此,你们必须坚决执行我们历次电令,1纵确保沙岭子、八里庄一带阵地,必要时将2纵一部或全部加上去,待杨、罗、耿到达后再行调整部署(必须先得我们批准),不可违误。

对前线将领，毛泽东很少使用这种口气，看来军机紧急，时不我待。

杨得志看完电报，挥了挥手：

"情况十分紧急，我们必须赶快组织过河。"

罗瑞卿接着指示：

"过河的时间越短越好，多争取一分钟，就多一分钟主动。"

一名参谋说：

"这附近没有桥。"

"徒涉！没有时间架桥。"罗瑞卿命令道。

罗瑞卿、杨得志等人率先跳下河去，战士们紧紧跟了上去。

仅仅一个小时，部队就蹚过了洋河。当最后一名战士上岸时，刚刚蹚开的水面又无声无息地冻上了。

杨得志、罗瑞卿、耿飚首长和战士们一样，棉衣上全都结了冰。

过了大洋河，第2兵团再次收到毛泽东6日6时发的电报。任务更明确了。电报中，毛泽东命令第2兵团：

杨、罗、耿全部到达下花园地区后，即以一个有力纵队开至宣化、张家口之间，与1纵在一起确实控制张宣间沙岭子、八里庄一带阵地，并尽可能向张宣两方扩展，击破敌人一切打通张、宣的企图，使张、宣两面敌各个孤立，以利尔后歼击。

谁知郭景云的"王牌"军充分发挥了机械化装备的作用。当罗瑞卿等人赶到下花园时，敌第35军后尾刚刚通过下花园，只有后尾的警戒部队没有通过。

毛泽东决不允许西援张家口的敌第35军再赶回北平，再次发电严厉命令第2兵团：

一定要截住敌第35军。

毛泽东于5日20时、6日6时、7日2时，接连三次给杨得志、罗瑞卿、耿飚发来电报，都是要他们全力堵追张家口宣化之敌，并要他们统一指挥第3兵团的行动。这时又命令杨得志、罗瑞卿、耿飚：杨、罗、耿应遵军委多次电令，阻止敌人东逃；如果该敌由下花园、新保安向东逃掉，则由杨、罗、耿负责。"你们必须将主力（至少两个纵队）用在敌之逃窜方向，即东面，以一部位于敌之侧面，务将35军与怀来之联系完全切断，不得违误"。

这时，传来消息："第35军已经越过下花园，直奔新保安了。"

"什么？"罗瑞卿很恼火。当他得知第35军的后尾警戒部队与我军稍稍接触，即乘汽车东逃时，厉声问："下花园和新保安之间的鸡鸣驿，离下花园多远？"

"大约20里。"耿飚说。

"给王昭发电报，让第12旅无论如何要堵住敌军。"杨得志急得以拳击掌。

罗瑞卿对几名参谋说：

"告诉全体指战员，如果让第35军逃过新保安，那我们第2兵团对中央军委和毛主席就不好交代！"

"那我们就将铸成大错，影响整个战局。"杨得志说。

命令已经下达了。杨得志、罗瑞卿心里很不踏实。他们以为这股敌人阻不住了，没有完成中央军委和毛主席交给的任务。

就在这时候，奇迹出现了。

黄昏，罗瑞卿接到电报，这时，第12旅已经先敌占领新保安，将敌人阻住。

第2兵团的处境改变了。将军后来回忆说，由于第12旅占领了新保安，"我主力3、4两纵队分多路连夜以最快速度从新保安南

侧转入新保安以东，然后将新保安让给敌人，当敌人进入新保安后，我即将其围住"。

罗瑞卿和杨得志、耿飚等人率领第2兵团各部队陆续到达新保安外围以后，完全切断了敌第104军和第35军的联系，完成了毛泽东命令中的任务，实现了最高统帅部的意图。与此同时，杨成武兵团已经将张家口敌人东西道路截断，严密包围了张家口之敌。

在这种情况下，杨得志、罗瑞卿、耿飚曾建议迅速歼灭新保安之敌，然而毛泽东另有全局的考虑。毛泽东于8日20时命令华北军区的第2、第3兵团：

杨、罗、耿对新保安之敌，杨、李对张家口之敌，均采取迅速构筑多层包围阵地、长围久困、待命攻击之方针。杨、罗、耿部署重点在东面，杨、李部署重点在西北两面，务使各敌不能逃跑，以利我东北主力陆续入关，完成对平、津、塘、唐诸敌之部署。

毛泽东这一着"围而不打"的妙棋，实在是深谋远虑，可说是走第一步时，已关照到了第二步、第三步，罗瑞卿、杨得志不禁击节赞叹。

杨得志、罗瑞卿、耿飚立即根据毛泽东的电报精神，采取了一系列新的措施。

第一个行动是向各纵队司令、政委发出命令，要他们切实包围敌第35军，隔绝其与怀来敌人的联系。罗瑞卿、杨得志告诉他们：

"中央军委和毛主席已经严厉责问我们到达太迟，使敌第35军乘机向东突围，影响了整个作战计划。现在中央明确规定，如果让这股敌人跑掉，就由第2兵团负责。我们兵团领导已向军委承担了责任，因此我们也要求各纵队必须严格而切实地执行我们的一切命令。如果因执行命令不坚决而导致敌人逃跑，一定要追究责任。"

谁知这份电报刚刚发出，第3纵队司令员郑维山就带着第8旅

和第7旅的两个团从新保安外围拉到城东南的沙城、碱滩一带去打敌第104军了。

罗瑞卿和杨得志、耿飚得到这个消息后，十分生气，马上又给第3纵队下了一道严厉的命令，命令郑维山把部队撤回来，并要郑维山对当前的行动负完全责任。

郑维山接到杨得志、罗瑞卿、耿飚的电报后，不但不肯撤兵，还要求兵团首长再派一个团来。他回电说："我在这里阻击西援之敌，情况严重，请第4纵队支援我。"

杨得志、罗瑞卿、耿飚三人对郑维山很了解，知道这位郑司令不到万不得已是不会呼叫援兵的，经过商量，命令第4纵队参谋长唐子安亲自率领两个营赶去增援第3纵队。

原来，敌第104军和第205师极力向新保安逼近，企图接应第35军突围，由于郑维山率领部队坚决阻击，使新保安之敌待援突围的希望破灭。郑维山创造性地执行了上级的命令。

同时，第3纵队也于9日打退了第35军数次向东的猛突。毛泽东得知情况后十分欣慰，即于10日3时致电杨得志、罗瑞卿、耿飚，指出："杨、罗、耿三四两纵昨（九）日击退东西两路犯敌，确保自己阵地，应传令嘉奖。"

10日，毛泽东又致电杨得志、罗瑞卿、耿飚，要求他们迅速构筑一切必要的阻击阵地，务使被围之敌不能逃脱。

敌军长郭景云进新保安城以后，一直焦躁不安，他明白，这个不到一平方千米的弹丸之地，对于机械化部队是施展不开的，而共军的大炮只要一响，他就要完蛋。所以，千方百计地想突出新保安。但他内荏而色厉，脸上仍傲气十足，嘴上十分强硬。郭景云对他的部下吹嘘说：

"我们第35军是吃钢咽铁长大的，守城是我们的看家本事。当年直奉联合阎锡山对冯玉祥作战时，我们守过天镇，北伐时候我们守过涿州，抗战中我们守过太原，'剿匪'中我们守过归绥和包头。

除了太原外，每次我们都打胜了。现在守个新保安算什么！"

为了鼓舞士气，郭景云甚至用迷信的办法来蛊惑人心：

"新保安这地名对我们很吉利。我是长安人，我儿子叫郭永安，现在来到新保安。长安、永安、保安是 3 个'安'。有了这'三安'，保证我们第 35 军不出 3 天就会安全返回北平。"

然而，事实并不像郭景云吹嘘的那么简单，数次突围，都被打了回来。

当几次突围没有得逞以后，郭景云又把希望寄托在傅作义对他的增援上。他心里想，不要说这个第 35 军，就是全军装备的四百辆"大道吉"汽车，傅作义也不能不管。

傅作义很想把郭景云这个军接回北平，他不仅派出了飞机，还严令第 104 军向新保安靠拢。谁知敌第 104 军几次进攻，丢下漫山遍野的尸体也无法向第 35 军靠拢，新保安完全成了一座孤岛，四周被人民解放军像铁圈箍桶一样围得严严实实，郭景云这位"常胜将军"切实感到了后果的可怕。

罗瑞卿在思考，中央军委没有下令发起总攻以前，能否对敌人做些劝降工作呢？

杨得志也在思考。一天，杨得志望着风雪中的新保安城，对罗瑞卿和耿飚说：

"发起总攻前，我们先给郭景云送点礼物吧！"

"什么礼物？"耿飚问。

"给郭景云送一封《紧急劝降书》，就以我们几个人的名义。"

罗瑞卿一听，兴奋地说：

"好啊，先礼后兵，文武夹攻嘛！"

在罗瑞卿的组织下，给"郭景云军长暨第 35 军全体官兵"的《紧急劝降书》很快就写成，并用迫击炮打进了新保安城。

这份《紧急劝降书》好似一颗重磅炸弹，在敌军官兵的心弦上产生了很大的震动。

当杨得志、罗瑞卿、耿飚把围困新保安的情况向毛泽东报告后，毛泽东表示满意，并于15日凌晨2时复电指出：

杨、罗、耿14时电悉。加紧完成对35军的攻击准备甚好。

实行攻击时间需待东北主力入关，确实完成北平、天津两地的包围之后，大约在20日。

毛泽东还要让杨得志、罗瑞卿、耿飚把敌第35军围下去，还要让他们去做"文章"。

"围而不打"，一篇多么高明而又吸引人的文章。

12月19日，罗瑞卿兴冲冲地对耿飚说：

"告诉你一个好消息，东野4纵也到西线来了。我们可以动手吃掉第35军了。"

原来，军委想到敌第35军被歼以后，张家口之敌有可能向西突围，所以将已经在康庄集结的东北野战军第4纵队拨归华北军区第2兵团指挥，以加强对张家口的包围。耿飚一听说东北野战军第4纵队要来，分外高兴。第4纵队政委莫文骅是罗瑞卿和他在红军大学的老同学，老战友在前线相逢，别有一番情谊。

那天，罗瑞卿通知各部队要腾出最好的房子给东北野战军第4纵队的同志住。晚上，几个人边谈边吃。当罗瑞卿讲到他们已经给郭景云送去了《紧急劝降书》时，莫文骅连声说：

"好，这件礼物送得好。"

"我们还想再给他们准备一份礼物呢！"耿飚说，"但这件事还得请你出一把力。"

莫文骅两眼一亮，惊奇地问：

"总不会要我到新保安去做郭景云的说客吧！"

耿飚摇摇头，笑着说：

"把你们的炮兵团借给我们用用。"

"打下新保安，马上要他们归建。"耿飚说，"放心吧，不会耽误你们打张家口的。"

莫文骅思考一下，微微点头。又说："这件事我们还得向中央军委请示一下，同时也得请示东北野战军总部。"杨得志、罗瑞卿、耿飚要借炮兵团，东北野战军和中央军委都同意了。这无疑增加了第2兵团的攻击力量。新保安是平张线上的一个集镇，面积只有一平方千米，但有比较坚固的城墙，还筑有相当数量的防御工事，增加一个炮兵团，杨得志、罗瑞卿、耿飚心里踏实多了。

ZHONGWAIZHANZHENGCHUANQICONGSHU

三、解放密云

周密部署

现在我们再来看东北野战军这百万大军的动作。林彪、罗荣桓接到中央军委和毛泽东关于提前入关的电示后，经过一番紧张准备，指挥各纵队分别于 1948 年 11 月 23 日和 24 日先后启程，向关内进军。第一步以冀东的玉田地区为目的地。

对于这次千里进军，军委提出了十分严格也十分具体的要求：

一是要求"取捷径，以最快速度行进突然包围唐山、塘沽、天津三处敌人，不使逃掉……"；

二是强调"部队行动须十分隐蔽"，要"夜行晓宿"；

三是强调"主力人突应取第 4 纵队、第 10 纵队所走道路，不要走山海关"。

在提出上述要求之后，毛泽东仍不放心，为了进一步迷惑敌人，他指示新华社及东北广播电台在部队已经开动的两周之内，"多发沈阳、新民、营口、锦州各地我主力部队庆功、祝捷、练兵、开会的消息"，还要求在东北野战军司令部和林彪于走后一星期"在沈阳报上登出一条表示林彪尚在沈阳的新闻"。

利用现代传媒手段进行军事欺骗，不能不说是毛泽东在现代条

山海关人民群众热烈欢迎东北野战军入关

件下惑敌之计的巧妙运用。

这次向关内大进军，东北野战军 12 个军和特种兵部队的总人数是 80 万，民工 15 万，牲口 14 万匹，汽车 3000 辆，大车 8000 辆。这是一支多么雄伟、多么壮观的大军啊！

路上，一支接一支的队伍，还有满载物资的汽车、大车，浩浩荡荡，气势磅礴，一眼望不到头，在迷茫的夜色中快速前进。虽然已是朔风凛冽的寒冬，战士们还是走得头上冒汗。

军委要求东北野战军总部要赶过部队先行到达冀东，东北野战军总部要求兵团部也要赶过部队提前到达目的地。这样各兵团出发时，虽然是在部队后面，不久就赶到部队前面去了。

随军入关的东北民工担架队

平津战场上的东北民工大车队

　　部队从喜峰口进关时，蜿蜒曲折耸立在群峰之巅的古老长城映入眼帘，这一天终于盼到了。干部战士指点着古烽火台，喜气洋洋，十分高兴地说：

　　"进关了，我们终于进关了！"

　　进关以后，已无密可保，部队大都改为昼行夜宿。所到之处，群众夹道欢迎，所过村庄，路口两旁桌上都摆满苹果、花生、鸡蛋。到处张灯结彩，锣鼓喧天，家家门口设置了茶水缸。每到一家，都是打扫得干干净净的房间，烧得暖烘烘的热炕和铺得整整齐

东北野战军主力部队向平津开进，群众夹道欢迎

齐的被褥。人民群众这样热爱自己的子弟兵，使各兵团深受感动。

经过千里跋涉，东北野战军总部于 12 月 7 日抵达蓟县以南 10 千米的孟家楼。走在最前面的第 3 纵队已到达丰润附近，第 5 纵队已到达蓟县及其东北，随后跟进的第 10 纵队已抵迁安，第 8 纵队、第 9 纵队已抵建昌营一线，第 6 纵队也已进喜峰口。其他几个纵队虽然还在关外，但都在日夜兼程赶进，有的也快进关了。

傅作义错误地估计，我东北野战军在辽沈战役后至少需要休整 3 个月才能入关作战。如今我军只经过 10 多天的急行军，距离辽沈战役结束也才一个来月，几十万大军便开到了冀东。

此时，无论国民党政府，还是傅作义的华北总部，都还蒙在鼓里！

近百万人千里开进，敌人竟连一点也未察觉，真可谓战争史上的奇观。

1948 年 12 月 2 日，东北野战军第 2 兵团第 11 纵队进至平谷西北峪口镇南北地区，受命向平绥线进军，配合华北部队阻截傅作义

集团的任务。

12月初的一个深夜，第11纵队第31师师长欧致富和政委谢镗忠猛然被一阵清脆的电话铃声惊醒。欧致富抓起话筒，传来了纵队贺晋年司令的声音，要他和政委立即去开会。欧致富和政委谢镗忠连夜赶到纵队部。贺司令兴奋地对大家说，平津战役就要打响了，4野总部命令我纵队立即西进，横越平古路，直插平绥线，切断敌人退路，以保证我主力部队在平津地区干净、彻底地消灭敌人。现在我纵队当务之急，是要消灭盘踞在平古路要冲的密云守敌，迅速打通西进道路。纵队陈仁麒政委接着说，据初步侦察，密云守敌只有1个保安团，加上警察也才一两千人。如果没有意外情况，速战速决，顺手牵掉这小羊崽，以我军的优势兵力是有完全把握的。但现已获悉，驻守古北口、石匣镇的敌第13军第464、第465团，第63师第1团计7000余人，正往密云方向逃窜。种种迹象表明，敌人很可能退守密云。这样，我们既要做好牵羊的准备，更要做好宰牛的准备！最后一句，陈政委特别加重了语气，意思是万万不可轻敌。

密云城坐落在潮河和白河汇流的三角地带，是平承路上的一个重要县城，扼平古路要冲，是北平东北的屏障，控制着第11纵队向平绥线前进的道路。城周长约6千米，墙高约10米，厚3米多，由新旧两城毗连而成。城东南临潮河，西滨白河，北靠老宝塔山，山河环抱，为其天然屏障。从地理位置看，密云为北平外围据点，既能从侧翼威胁解放东北主力向北平附近开进，又可阻碍解放军越过平古路向西进抵平绥线。

我军第31师提前一天抵达密云城东一带隐蔽。第二天一早，欧致富带着几个团长以及作战科、侦察科的同志，化装来到密云东北面的一座高山上观察地形。登高远眺，只见密云城高墙厚，结构坚固，工事累累，岗哨重重。4个城角上，均布有大面积的炮楼设施。东北角接合部的炮楼更为稠密，是控制东门和北门通路的制高

点，也是城东北部的核心阵地。城周是一条宽、深六七米的外墙，沿壕十步一小碉，百步一大堡，境内修有数不清的暗火力点。由于城郭坐落在潮河和白河汇流的三角地带，东、西、南三面皆有河流为天然屏障；北面是地形险峻的宝塔山，据险可守，并有营房、沙锅村车站等多个外围据点互相策应掩护。总之，地理位置易守难攻。

第 11 纵队受领横越平古路、直插平绥线、切断敌人退路的任务后，密云即成为我军西进平绥路的一个障碍，尤其是该城附近的白河、潮河，更是我军西进必渡之河。为了不影响切断平绥线的主要任务，使部队能很快通过潮河、白河，必须伺机夺取密云。为此，该纵队决定：第 31 师首先奔袭城东的潮河桥，然后由东、北两面包围密云；第 32 师奔袭城南的潮河桥；第 33 师在密云西南占领阵地，并向怀柔、昌平之敌警戒，掩护第 31 师攻城，同时派出侦察部队逼近怀柔、昌平。

12 月 3 日，第 31 师以第 91 团夺取城东的潮河桥后，即向营房守敌进攻，并以第 93 团向宝塔山进攻。3 日 20 时，第 91 团占领了营房，守敌一部被歼，余部窜进城内。从俘房口中得知，密云城外围据点，已由从古北口、石匣镇逃回之敌第 13 军第 155 师第 464 团、第 465 团及第 297 师第 1 团扼守。我军第 93 团因走错了路，至 4 日中午才占领宝塔山、车站等据点。外围据点诸残敌在夜间乘此空隙全部收缩至密云城内。城内守敌增至 4 个团的兵力，敌情发生了重大变化。

这时，第 32 师已夺取城南的潮河桥，大部渡过潮河、白河。纵队遂令该师留一个团向怀柔、北平方向警戒，其余又调转头来，以第 96 团配合第 31 师攻打密云，另一个团为师预备队。

4 日下午，解放军将敌紧紧包围在密云城内。纵队令第 31 师 5 日一定要攻下密云城。攻城的部署是：第 31 师第 91 团附山炮 5 门，位于城东北角，担任主攻，第 93 团在北门担任助攻，第 92 团

为师预备队；第32师第96团附山炮8门，由城西南进攻。第31师指挥所设在城东北角突破口外1千米的高地上。总攻时间定在12月5日拂晓5时。

我军攻取密云，原打算顺手牵羊，准备打1个团的敌人，没料到打出了1个师，因此被粘上了。兵团首长为了抢在敌人前面把平绥线切断，即调整部署，令第4纵队改为先行，迅速向康庄疾进。

8连，打得仅剩8人

12月5日拂晓，天色灰暗。密云城头，烟笼云罩。这一切，预示着一场激战的来临。5时整，我军密集的炮火，准确地倾泻在各预定的突破口上。炮楼、城墙倒塌的巨大声响震人心魄。不一会儿，接合部外侧被削去一大块，炸成陡坡。欧致富和谢镗忠虽然掩饰不住喜悦之情，但仍沉住气，密切注视着炮击情况。

这时，总攻击号却吹响了。战斗已经进行了1个多小时，城墙还没有炸开。第96团8连担任爆破的9班，12个人已经倒下了11个，这情形使全连人都急红了眼。时间在一分一秒地过去，大伙实在按捺不住心中的怒火，各班都派了人向连长要求担任爆破。连长和指导员把任务交给了9班的共产党员王挺发。

连长决定把爆破点改在西南角。这里被炸弹崩去一大块，便于扩大突破口。小王为了行动方便，把15千克炸药绑在背上，匍匐前进。全营的轻重火器都在掩护他。时间一秒一秒地过去，小王快接近城墙了。敌人集中火力向小王射击，子弹在他身旁扑啦啦炸响。又过了一会儿，他已出现在城墙根下。顽强的小伙子紧抱炸药，吃力地爬向爆破点。只见他爬得是那样慢，好像每爬一步都要使出全身的力气，不用说，他是负伤了。他终于接近了爆破点。很快，传来一声震天撼地的巨响，密云城立刻烈火冲天，高大的城墙出现了一个好几尺宽的口子。连长张义勇提高了嗓子喊道："为小

51

王报仇！冲啊!”战士们猛扑向突破口，越过护城壕，登上了城墙。这时已是12月5日早上8点30分。

登上突破口，8连沿城墙向西发展，9连向东前进，7连直插城里。正前进着，一股敌人迎面扑了过来。8连在副连长带领下，迎上去一阵枪打、刀挑便把敌人击退。8连的战士们个个都杀红了眼，刺刀刺弯了，就用枪托砸；枪托砸断了，就和敌人抱在一起。城墙上，到处都飞溅着敌人的污血，到处都响着敌人的惨叫。

敌人的反扑终于被打垮了。8连许多战士光荣牺牲，连长也负了重伤。战斗间隙里，党支部召开了紧急支委会，决定将全连编为5个班，继续沿城墙向西发展，扩大突破口。

8连正准备继续前进，9连忽然被敌人压缩到突破口附近，同时，东面城墙上，敌人暗火力点里的火力又复活了。正向突破口运动的1、2营，又被封锁在开阔地里，这时候，城里的敌人也从正面猛扑向9连。敌人试图用前后夹击的办法夺取和封闭突破口。8连副连长一见这情形，立即命令1个班监视西城墙的敌人，其他班迎击从城里扑上来的敌人，保卫9连侧后的安全，保住突破口。敌人一窝蜂拥上了城墙，人多，城墙窄，敌我搅在一起，敌人不敢打枪，8连的长枪也伸展不开。于是，大家就拔下刺刀砍，拿起砖头砸，抡起铁铲劈，拳打脚踢地和敌人滚打在一起。搏斗整整进行了约半个小时，敌人丢下大批尸体败退下去。9连的危险解除了，突破口保住了，但8连打得剩下不到20人了。

8连刚从敌人尸体上拣来了枪支和子弹，敌人又反扑了上来。他们的子弹很快又打完了。指导员大声喊道："共产党员们，考验我们的时候到了，准备好刺刀和手榴弹，拼!"8连把仅有的几颗手榴弹投出去，借着手榴弹爆炸的烟雾声喊杀着冲进了敌群。副连长一马当先，一口气捅倒了好几个敌人，当他正要去解救机枪班班长刘怀义时，不幸中弹牺牲。悲痛立即化成了力量。8连一口气干掉了30多个敌人，敌人的反扑又一次被打退了。这时候，全连只

剩下十四五个人，子弹没有了，枪也全坏了。8连把无数的砖块、石头堆在工事前，等待着敌人来送死。

不一会儿，敌人又开始反击了。敌机也来助战，指头般大的弹头打得钢筋水泥工事直冒火星。紧接着，一串串炸弹也落了下来。烟雾、尘土迷得人睁不开眼，呛得人透不过气来。敌人一窝蜂拥来，最前面的两个手端着冲锋枪冲得特别起劲。正当他俩登上城墙，后面的也开始向城墙上爬的时候，排长喊了声"打！"无数的砖块、石头劈头盖脑地飞进了敌群。与此同时，一个战士一步抢上去，夺下冲锋枪，对准被砸得哇哇乱叫的敌人一顿猛扫，20多个敌人立刻给报销了，其余的吓得转身就跑。这次，8连每人都缴获了一支好枪和不少子弹。最后，8连只剩下8个人。

敌人又反扑上来了。这次他们使用的兵力比任何一次都多，哇哇叫着，不要命地往上拥。8连在1排长指挥下，静静地隐蔽在工事里，手指压着扳机，等待着命令。忽然，从突破口上传来了一阵喊声。大家回头一看，啊，是1营上来了。他们的话音刚落，枪弹、手榴弹，就像暴风骤雨般地飞进了敌群。没等8连开火，敌人便被1营击退了。

智取东墙

12月5日，在我军第96团攻城的同时，师里命令第91团立即组织爆破力量，不惜一切代价迅速突进城里！命令第93团在北门加强攻势，牵制敌人。

天已大亮。第91团担任爆破的2个尖刀连，同时扑向突破口。负责掩护的十几挺轻重机枪一齐开火，吓得敌人龟缩起来。战士们像小老虎般地向前跃进、猛冲，越过壕沟，逼近城墙……离突破口只有五六米了。敌人十分狡猾，一直装聋作哑，一枪不发。当我尖刀连登上豁口的斜坡往上冲时，暴雨般的火力突然从豁口倾泻出

来，织成交叉火力网。我1营1连、2连的干部战士打得英勇顽强，先是轮番攻击，因为敌人火力过猛未能奏效。接着，又从城墙实施炸药爆破，但接合部基石又厚又硬，炸药包不起作用。搭绳梯攀城强攻也没成功。3连紧接着投入战斗，同样受阻。激战至下午2时，第91团仍未能突入城内，而部队伤亡严重。纵队命令预备队第92团火速前往援助，战斗处于胶着状态。

时间就是胜利！迅速打开城东北突破口已成燃眉之急！3时左右，师长火速赶到第91团指挥所，反复观察前线战斗情况后，命令部队暂时停止攻击，就地隐蔽待命。当即，欧致富同几个团领导一起分析了第一次冲击失利的原因。欧致富说："冲击失利，主要是战前侦察工作不细，对敌情变化估计不足，说到底还是轻敌思想作怪。"王景彩副团长自责地说："自己具体指挥战斗，没有注意战术的运用，使部队吃亏不少。因此，必须调整部署，充分发挥步炮协同作用，采取多种战术打法，攻城才有把握。"欧致富赞同王副团长的话，指出将不在勇而在谋！第一次攻击失败的原因是只知强攻，不知巧攻，没有强巧结合。接着，欧致富指着地上临时用泥土堆成的城郭小雏形说："如果正面用2个连佯攻，吸引敌人注意力，再用2个连分别从东墙根和北墙根迂回到豁口两边死角事先隐蔽好，在我炮火摧毁暗堡的同时，乘其不备，突然实施集团冲锋，打它个措手不及，迅速突破，怎么样？""我同意师长的意见，但是暗堡怎么个摧毁法呢？"一位参谋问道。这确实是个难题。一时，大家都陷入沉思。忽然，王星团长凑近地图指点着说："北墙外是山坡地形，与城墙齐腰，如果把山炮放在这里，利用弧线弹道射击，专打东墙内侧暗堡……"这时，受到启发的一位参谋抢过话头说："这样，敌人的交叉火力就等于瞎了一只眼，然后部队从北墙根冲上豁口，用爆破筒炸掉北墙暗堡！"

真是集体出智慧，一个诸葛亮会，就把问题解决了。

下午4时，准备就绪，第二次攻击开始了。山炮又吼叫起来。

山炮营只剩下仅有的 5 发应急炮弹，但他们打得又准又狠。第一炮就把东墙上部的暗堡群打成哑巴，紧接着第二炮，又一个暗堡被送上了天，第三、第四炮又闪电般飞去，正好落在豁口底部，凹形豁口成了桶底形。至此，东墙暗堡被摧毁殆尽。这时，冲锋号吹响了。事先隐蔽在豁口两侧的 1 营 2 个连杀声震天，蜂拥而上。经一番激战，突破口终于打开了。正面攻击的 2 营 4 连和 5 连冲了上来，预备队 3 营随后跟进，霎时，我军指战员如奔泻的急流，涌入城里。

向心合围

12 月 5 日傍晚，暮色四合。攻进突破口后，1 营沿城墙往南延伸；2 营沿城墙往西发展；3 营是预备队，沿城墙对角线往西南方向直指城中心。师指挥所这时已从东门转移到城内。

敌人在核心阵地失掉之后，仍与我军对抗，频频组织反冲击。敌人在所有的街头路口，用麻袋、石块垒起了工事；在主要通道拉上铁丝网，堆满了三角铁屑；一些较坚固的房屋，被改造成临时碉堡，企图以此阻挡解放军深入。

解放军发扬英勇顽强和孤胆作战的精神，大胆穿插分割，打得机动灵活。2 营教导员王风云身先士卒，带领 5 连勇猛冲杀，从一条街打到另一条街，给战士以极大鼓舞。夜幕降临，敌人被迫龟缩到城中心，这里是新老城的交界处，敌人困兽犹斗，妄图借助残缺的老城墙负隅顽抗。他们收罗所有残兵败将，作最后一次反冲击，要与我军决一雌雄。此时，我第 91 团 3 个营已汇集一起。虽然部队弹药基本耗尽，且极度疲劳，受损过重，但战士们以大无畏的英勇气概，冲上去与敌人展开肉搏战。战斗异常激烈，有的刺刀拼断了，就用枪托砸；枪托砸烂了，又用砖块、石头砸，决不后退半步。有的干脆赤手空拳，抱住敌人，扭成团，咬耳朵，掐脖子，打

得敌人鬼哭狼嚎。还有的拉响了最后的一颗手榴弹，冲向敌群，与敌人同归于尽。殊死的肉搏战持续了半小时左右。在这紧急关头，从北门攻入城内的第 93 团赶到了，第 92 团和第 96 团也从西南方向发展到纵深。这时，我军就像伸展开的两只铁拳，一只攥牛角，一只拽牛尾，牢牢地把敌人牵制住，使其首尾不能相顾，很快被我军各个歼灭。可惜，我军部队最后攻击敌城防司令部时，敌师长已化装潜逃。密云一战，东北野战军先遣兵团第 11 纵队第 31 师和第 96 团共歼敌第 155 师 6000 余人，打通了西进的道路，并缴获迫击炮 6 门、轻重机枪 160 多挺、长短枪 2000 余支。

第二天，我第 11 纵队征尘未洗，又挥戈西进。当队伍行进在长城内外的崇山峻岭之间时，只见阳光照耀下，依山傍水的密云城头，一面红旗在迎风招展，灿烂夺目。美丽古老的密云城，真正成了塞北边关的一颗明珠。

密云的解放，不仅使我军西进平绥线的道路畅通了，而且打乱了傅作义的部署，从东北面形成了对北平的威胁。

四、解放南郊

攻占丰台

敌第 16 军、第 104 军主力在康庄、怀来地区被我东北野战军先遣兵团第 4、第 11 纵队于 1948 年 12 月 10 日、12 日歼灭后，傅作义甚为惊慌，立即利用险要地形，在北平周围的北苑、清河、圆明园至望儿山、红山口、万寿山、玉泉山、卧佛寺、香山、妙峰山一线部署兵力，加强防御，企图阻滞我军逼近北平，掩护其调整部署，加强北平的防守。

此时，东北野战军第 5 纵队接到东北野战军总部电令：全力切断宛平、丰台敌人退路，抢占丰台，协同南苑方向第 3 纵队切断敌人南逃和东窜天津的道路，从南和西南方向包围北平。

接令后，第 5 纵队几位领导立即进行了认真研究，认为丰台是重要的铁路枢纽，又是敌华北"剿总"联勤总部所在地，储存有大批武器、弹药和各种军需物资，如果第 5 纵队占领丰台，第 3 纵队占领南苑机场，两军相配合，就从空中和地面切断了北平敌人的逃路，可以配合其他纵队完成对北平的包围。丰台及其周围，有敌重兵防守，敌我在这里必有一番激烈的争夺，将有一场恶战。

各师受领任务后立即行动。第 13 师是主攻师，由纵队副司令

员吴瑞林、政治部副主任郭成柱随该师加强指挥。部队整夜强行军，越过潮河、白河、平古路，拂晓到达顺义、昌平一带。全师人马汗流浃背，刚穿上的新棉衣，几乎全被汗水浸透，有的战士脚上打起了血泡，但行军秩序井然，士气高昂。

敌人发现我军行动后，从上午到下午派来七八架飞机在我军进军沿途上空低空盘旋，猛烈扫射轰炸，妄图阻止我军前进。但第13师全师指战员毫不畏惧，各梯队一面前进，一面组织对空火力网，打得敌机不敢低飞。

12月13日上午，我前卫部队第38团进抵昌平南北地区沙河车站一带与从平张路中段回窜北平之敌交警3总队、从南口撤回北平的敌第94军第109师遭遇。在我第38团、第37团及第39团的包围下，经过2个小时激战，歼灭交警3总队2000余人，第109师溃逃至清河车站。

第15师为掩护第13师左翼安全作战，向逃往清河的溃敌追击；第14师为第13师右翼部队，经小汤山占领南口、八达岭，从西北阻击敌人于昌平，歼敌400余人。至此，平绥线东段从八达岭、南口、昌平、沙河到清河火车站被我第5纵队全部切断，直接配合了第4、第11纵队及华北第19、第20兵团部队在平张线中段的战役行动，粉碎了傅军西援、东撤的企图。

平绥线东段被分割、切断后，敌人十分恐慌，迅速调整部署，加强北平的防卫。敌人从通县经怀柔、清河、圆明园、颐和园、红山口、黑山扈、卧佛寺、玉皇顶、香山、石景山到门头沟，以北平西北山区作为屏障，部署防线。敌军以第一线部队第101师（位于清河、北苑、圆明园）、第22师（第64团位于望儿庄、红山口、青龙桥，第65团位于万寿山、玉泉山）、新编第306师（位于碧云寺）、青年军第208师（位于卧佛寺北山、黄道岭、玉皇顶）、保安2旅（位于香山、门头沟、石景山），共4个师1个旅还有第104军的残部，企图阻止我军南进。

ZHONGWAIZHANZHENGCHUANQICONGSHU

我军第 5 纵队继续向丰台进发。要抢占丰台,首先必须突破圆明园、颐和园、红山口、黄道岭、香山、西山一线防御,然后插向敌 20 余千米的纵深,经石景山、古城、田村、五棵松、新北京、岳各庄直到丰台、宛平、卢沟桥。这样,我军必须实施掏心战术,但将会四面受敌,层层受阻,连续作战。

第 13 师师、团领导意识到这一任务的艰巨性,决心为了全局的胜利,即使遭受重大牺牲,也要坚决完成尖刀任务,准时占领丰台。为打垮敌人防御,粉碎阻我前进之敌,劈开直插丰台的通道,师领导令主力团第 39 团为前卫团,配属师炮兵营,越过第 37 团、第 38 团,攻击前进。第 5 纵队第 15 师、第 14 师仍为第 13 师左翼、右翼部队,并肩前进,纵直和独第 9 师尾随第 13 师之后前进。

第 13 师进入敌人心脏地带后,战斗气氛更加紧张。退回北平城北安定门、德胜门之敌以猛烈炮火向第 13 师轰击拦阻,我前卫第 39 团冒着敌人的炮火,奋勇前进。当前卫团经东北旺进抵妙峰山、黑山扈、红山口、颐和园一带时,已是下午四五点钟了。这时,遭到占领此线之敌拦阻。前卫团在炮火掩护下,向黑山扈、妙峰山守敌发起猛烈进攻,敌人被我军打得丢盔卸甲,狼狈而逃,残部沿西山一线逃窜。黄昏,我第 39 团通过万寿山、颐和园、红山口时,再次遭到敌第 22 师第 64 团、第 65 团的阻击。由于万寿山、颐和园是古都名胜,事先东北野战军罗荣桓政委及纵队党委均明确指示,必须坚决保护,不得毁坏。第 39 团只得攻击红山口,但第一次进攻未能成功。该团立即将这一情况报告了师部,暂时停止前进。

在组织第二次攻击前,团长张景跃、政委郭定桓召集 2 营、3 营连以上干部确定对红山口的打法和进行战斗动员,要求黄昏前坚决突破红山口,为全纵抢占丰台打开通路。配合该团的师炮营 16 门山炮和团的 10 门追击炮、20 多门 60 炮猛烈地向红山口敌人阵地轰击,又挑选 20 余人组成突击组,迂回插入红山口守敌的轻重机

枪阵地，进行奇袭。突击组每人身上挂满了手榴弹，还配备了冲锋枪和充足的子弹，从敌阵地的左侧向敌火力点迂回。不一会儿，就听到敌人火力点后面响起了一阵手榴弹爆炸声，接着又是一阵密集的冲锋枪声。敌人被这突然的袭击打得乱成一团。这时，团长不失时机地命令2营突击红山口左山，3营突击红山口右山，2个营相互配合，将敌人1个加强营全部歼灭。

防守青龙桥的敌军看到红山口被突破，立即组织部队反扑。还未等到敌人的兵力展开，我军第39团将预备队1营投入战斗，配合2营、3营向敌人猛打猛追，不到半个小时，青龙桥之敌全部被歼灭。

我军第13师打开红山口通道后，直插敌人纵深。在月色朦胧中，一部从颐和园东经海淀插向西郊，主力经玉泉山、田村、五棵松，直扑丰台。

我军第14师到达北平北郊后，迎面是高山密林，道路狭窄，行动困难，13日24时才到达黄道岭以北。未及休息，就立即组织兵力和炮火向敌军401.9高地、573.1高地、玉皇顶一线发起进攻，与守敌第208师、第306师展开战斗。我军第13师对敌红山口防御的突破，动摇了敌防御的信心。14日1时许，我军第14师消灭敌人一部，余敌向香山以南撤逃。该师突破敌防御后，除留下1个营继续攻歼碧云寺、香山之敌外，主力向石景山方向迅速挺进。

半夜时分，随第13师行动的纵队副司令员吴瑞林接到第39团报告，得知傅作义发现我军向红山口、香山等处进攻，我东北野战军向北平城迫近，便收缩兵力，把部署在西郊的各部向北平城及近郊集中。吴瑞林骑在马上，一时思虑重重：是敌人查清了我军的企图，正在调整部署，准备与我军决战？还是敌人准备夺路南逃？或者是傅作义猜中了我军要抢占丰台？无论从哪个方面设想，都要求我军必须以最快的速度占领丰台。于是，吴瑞林命令，第13师加

快行军速度，重武器和大车队等行动迟缓的分队，留在后面跟进；一切失掉联系的分队和人员都要自觉赶到丰台，遇见上级就自动接受指挥，执行任务。明月当空，大地如洗，远山近林，镀上了一层银色。我军趁着月光，快步如飞地奔走着。正走间，忽然发现右侧有一支部队和我军平行。吴瑞林叫人一问，原来是敌保安第15团的。吴瑞林立刻一声令下，战士们转向敌人，猛扑过去，只几分钟的功夫，敌人1个团800余人全都缴了械。

为防止贻误战机，加快行军速度，我军第13师要求所属部队沿途遇到敌军，能绕过就绕过，绕不过就以快刀斩乱麻的手段，猛打猛攻。抓到的俘虏，一律人枪分开，就地看管起来。飞机场、车站等都不要打，这些地方很快就会是我军的。为了保证占领丰台后，能打退敌人的反扑，吴瑞林又命令后面几个师和炮兵部队快速赶上来。

前卫部队通过田村车站时，由石景山方向开来一列火车，由远而近，装载的是敌人还是物资搞不清楚。我军第13师决定在列车进站停靠时消灭它，留下师警卫营、工兵营完成这一任务，大部队继续前进。火车进站后，随着一声巨响，火车头被炸毁了，不到半个小时，即俘敌1000余人。

天气忽然变了，乌云密布，除了遥望东面的北平城有几点鬼火般的光亮外，眼前一片漆黑。我军在向导老乡的引导下，仍旧快步前进。前卫营营长邢嘉盛和7连连长魏同东带领1个尖刀班走在最前面。他们刚经过城郊的一个十字路口，只见迎面驶来两辆大卡车，战士们用机枪一顿猛扫，一辆撞到电线杆上，一辆翻到路边的沟里，人车俱毁。这时，整个前卫营全部赶到，正准备继续前进，西南面又传来隆隆的马达声。瞬息间，一辆闪射着耀眼灯光的怪物直冲过来，后面又出现一长串装甲车和坦克，震得地皮都发颤。据抓到的傅部零散人员供称，傅作义"剿总"指挥所10分钟前才撤入北平城里，但军官教导团和坦克训练基地一部分还未撤走。我军

第37、第38两个团即向敌人展开围攻，有的用枪打穿了装甲车的轮胎，有的把手榴弹、爆破筒塞进坦克的肚子里，还有的爬上车命令敌人投降，吓得敌人一个跟一个乖乖地爬了出来。在我军迅猛攻击下，30分钟结束战斗，敌人大部被歼，俘敌官兵200余人，击毁、缴获装甲车、汽车、坦克40余辆。但我军7连1个班在堵击敌人坦克时，用手榴弹、爆破筒与敌人拼杀，被敌坦克撞击、碾压，全班壮烈牺牲。

部队继续前进。12月14日凌晨7时，在灿烂的阳光下，先头部队抵达丰台北边的岳各庄。据俘虏供称，驻丰台镇及其以北地区的是敌军第101军第272师，其余各师在丰台以南及西南的看丹地区，现正准备集结撤往北平城里。据此情况，我纵队吴副司令员召集第13师领导开会，部署乘敌调动之机抢占丰台。吴副司令员说："我们的任务是夺取丰台。部队已进入敌人心脏，打乱了他们的神经中枢。两夜一天的形势发展顺利，但主要任务还没有完成。我们要抓住战机，不怕牺牲和困难，尽快夺取丰台。在攻占丰台后，要迅速构筑四面对敌作战的野战工事，准备打退敌人的反扑。"

我军第13师领导立即划分了各团攻占丰台的要点。师参谋长苏克云带领师直属队前进，副师长翟毅东、作战参谋汤从列赶到担任前卫的第37团，加强该团指挥。汤从列和团长赵欣然、副团长范世仁与加强营走在前头，随时处理战斗中的情况，还挑选了一批会开汽车的战士，驾驶刚缴获的装甲车为前导，经新北京、沙窝、岳各庄，直取丰台。第38团为右翼部队前出至前泥瓦窑，占领该线村庄。第39团前出至丰台与永定门之间的后泥瓦窑、孟咸、樊家村、东西管头一带村庄，为左翼部队。3个团从新北京同时展开，按指定目标，作攻击姿态前进。

师部决定占领丰台的第37团在得手之后，转为师预备队，补充团随师直属队跟进。所有各团在攻占丰台后，迅速与占领广安门、复兴门、西便门外财神庙、跑马场、莲花池一线的第15师、

占领看丹以东的第14师部队以及纵队司令部取得联系。

为了尽快攻取丰台，我纵队首长命令第13师第38团和第39团并肩向敌发起冲击，在猛烈炮火的掩护下，第39团2营营长徐立恒率全营以迅雷不及掩耳之势，直扑周家庄，仅30分钟就结束了战斗，攻占该村，毙伤敌50余人，俘敌70余人，缴获机枪8挺。周家庄战斗刚刚结束，第37团即越过第39团向大井北高地展开冲击。敌人顽强固守，第37团两次冲击均未见效，被敌第815团阻击在大井和西仓库地区。第38团勇猛进击，攻占岳各庄，冲垮了敌第814团的1个营，继而乘胜追击，直追到小井，被敌火力阻住。下午2时，师部决定，第39团于左侧、第37团于右侧并肩向大井夹击。很快，我军以强大的炮火掩护，发起了勇猛冲击。战士们穿过炮火的烟雾，在一片惊天动地的喊杀声中，潮水般地冲向了大井、西仓库地区，很快冲进了敌阵，与敌人展开了短兵相接的搏斗。敌人招架不住，节节败退。我军终于夺取了大井，然后一鼓作气乘胜夺取了西仓库，缴获大批枪支弹药、粮食、被服和其他军用物资、器材。与此同时，我军集中了4个营的兵力，从敌人两侧纵深插入，对正面之敌形成了包围夹击之势，敌人丰台防线随即全部崩溃。我军攻占丰台后，敌第814、第815两团拼命向北平方向溃逃，人喊马嘶，溃不成军。我军第39团1营、2营猛追猛打，一直追到复兴门。

抢占丰台的战斗至此结束。此战共俘敌近3000名，缴获大量兵器、粮食和被服。

在第13师与敌激战的同时，第14师插向丰台的右侧，在师长彭龙飞、政委丁国钰指挥下，突破黄道岭、香山一线敌防御后，主力直插宛平。路过石景山，歼敌一部。进至大瓦窑、东西五里店地区，遇宛平守敌第271师第814团向丰台方向溃逃。我第14师第40团即向敌展开进攻，俘敌300名，乘机占领卢沟桥、宛平城。该师即令1个团进至看丹及以东地区协同第13师作战。

东北野战军占领丰台的部队缴获一批坦克

　　我第 15 师在第 13 师后跟进。14 日 4 时许进至西苑机场附近时，发现有三四百敌人与我军在一条路上并行前进。我军开始没有注意，以为是兄弟部队，当听到他们发牢骚说，"老子没被共产党打死，像这样跑法也得累死"时，才知道是敌人。师长王振样一声号令，大家一齐动手缴了敌人的枪。经审问，才知道他们是敌第 104 军的残部，从长城外逃向北平的。部队继续前进，当进到新北京时，又遇到由宛平向北平撤退的敌后勤运输队。我军第 43 团迅速消灭了该敌，俘虏 160 余人，缴获军马 20 余匹。8 时许，该团进到丰台东北财神庙、莲花池、跑马场一带，与敌第 814 团接触，战斗 20 分钟，歼敌一部，余敌逃向广安门。我军部队直逼广安门。13 时许，敌人约 2 个团的兵力，在坦克、装甲车引导下向第 15 师攻击。我军利用村庄和临时构筑的工事抗击敌人，战斗 1 个多小时，将敌击退。独 9 师由师长廖中符、政委钟民指挥，在第 14 师后跟进，14 日 14 时许进至石景山、八角村、古城、衙门口地区，遇到退守石景山的敌第 306 师及保 2 旅各一部共 1000 余人。先头独立第 25 团 4 连 1 个排突入石景山钢铁厂，占领了水塔，俘敌 300 余人。该师急于奔赴丰台，只留少数部队监视敌人，主力继续

前进。

至此，第5纵队全纵队胜利插到丰台地区，完全占领了丰台，堵住了敌人南逃东撤的去路，配合兄弟纵队完成了对北平的包围，完成了中央军委和东北野战军总部赋予的作战任务，受到了中央军委、东北野战军总部的嘉奖。

粉碎敌军的反扑

我第5纵队指挥所到达看丹（丰台西南）后，即召集各师领导开会研究情况，作防守丰台的部署。大家一致认为，我军抢占了丰台，协同东北野战军主力切断了蒋、傅军的逃路，北平成了一座孤城。丰台是北京的铁路枢纽，有大批的美援武器装备、粮食、被服等被我军控制，断绝了他们的供应，敌必将拼命与我军争夺。因此，能否守住丰台，粉碎敌人的反扑，是对第5纵队的严峻考验。要调整好部署，抓紧时间抢修工事，补充弹药。伤亡大的连队，要迅速从补充团调兵充实。重要的西仓库，由纵队唐凯副政委带领第13师警卫分队、纵队后勤人员加强守卫妥善看管，并协助做好军管工作。

会后，纵队立即调整部署：第13师以丰台镇为中心，并在辛庄、观音堂、纪家庄、东西管头地区等地，构成纵深防御阵地。第14师第42团前伸到水头庄、财神庙、西局、西管头一带，构筑防御阵地，协同第13师战斗；师主力在宛平以东的大井、大瓦窑、田各庄地区，为纵队二梯队。第15师在莲花池、水口子、财神庙、小井、岳各庄等地区构筑防御阵地，协同第13师坚守丰台。独9师在小郭庄、小瓦窑、黄庄、衙门口、八角村地区，为纵队预备队。纵队炮兵团（野炮、榴炮48门）在七里店、周家庄、前后妮洼地区占领发射阵地，支援各师作战，重点支援第13师坚守丰台。

在哈气成冰的严冬，战士们冒着－10℃的严寒，在当地群众的

大力支援下，昼夜不停地抢修工事。我军阵地构筑还未完成，敌人就开始反扑了。敌人第一天集中 7 个师，第二天集中 5 个师，重点突击丰台。

15 日 7 时，一路敌人 3 个师在坦克引导下，向我第 15 师正面财神庙、跑马场和第 14 师正面的西局一线猛烈进攻。我军各部采用近战歼敌打法，待敌进至阵地前 300 米以内时，炮兵、轻重机枪同时开火。激战 3 个小时，毙敌近千人，敌人被打退。

另一路主攻的敌人矛头直指我第 13 师阵地。清晨 8 时，敌 4 个师在百余门榴弹炮支援下，由两列装甲列车引导，沿铁路及其两侧，向我第 13 师第 39 团和第 38 团防守的纪家庄、沙帽园、孟咸、同嫁洼、观音堂等阵地发起猛烈进攻。敌人的钢盔和刺刀在隆冬寒阳的照耀下闪着冷光。面对敌人的反扑，我军指战员沉着应战。当敌人进至距我军千余米时，我军的追击炮、60 炮等所有火器一齐开火，炮弹呼啸，直飞敌群。敌人的装甲列车、战车纷纷中弹起火，敌人乱作一团，不得不停止了进攻。

敌人重整队伍后，又以 2 个师的兵力向我第 39 团 3 营和第 38 团 1 营的结合部进行突击；以 1 个师的兵力向位于观音堂、纪家庄、二郎庙的我第 39 团 1 营、2 营展开攻击。约 10 时，敌人在铁路北侧突破了第 38 团 1 营阵地，同时在 3 营 7 连右翼和 8 连的结合部打开了缺口，我军防守窑圪塔的 7 连陷入了敌人的四面包围之中。7 连集中了一切火器向敌人反击，将突入两侧之敌拦腰截断。这时，8 连、9 连配合 7 连发起了反冲锋，对敌形成了合围之势，激战 40 分钟，将 200 余敌人全部歼灭。这时，在铁道北的第 38 团 1 营阵地上，敌人突入的兵力越来越多，进入距我军前进指挥所只有 1500 千米的地方。第 39 团和第 38 团奉命并肩发起反击。敌人在我 2 个团的合击下，被迫后撤。7 连、9 连堵住了敌人的后路。敌遭我前后夹击，失去战斗力，大部被歼，少数逃窜。第 38 团 1 营又恢复了原来的阵地。接着，敌人企图从观音堂、二郎庙、樊家

村地区突破，直取孟家村，然后夺取丰台。11时，敌以5个团的兵力在榴弹炮、山野炮、轻重迫击炮的掩护下，向我1营和2营5连的阵地开始了轮番攻击。我军以重炮猛烈还击，战斗异常激烈，敌人3次集团冲锋都被我军击溃。12时，敌人又以战车作掩护，发起了第四次冲锋，突破了我军1营阵地，将我1营阵地隔成几块。纱帽园以南、二郎庙以北是5连和2连的结合部，这里突入了百余名敌人，距第38团杨珍副团长所在的阵地只有50米左右。接着，杨副团长沉着应战指挥1个班及参谋、警卫人员顽强反击，将敌堵截在一道断墙外。杨副团长又将6连3排调来配合作战，调5连从后面包抄敌人。仅20多分钟，即全歼突入之敌。这一仗从早晨8点多钟打响，一直打到下午4点半钟，打了整整8个钟头，战场才暂时沉寂下来。

晚上7点多钟，敌人企图利用夜暗作掩护，从铁路西侧我1营、3营和5连阵地突破。我军根据丰台地区民房疏散和到处是菜窖的特点，在阵地前沿设了许多火力点。这些火力点与敌人只一墙、一沟、一篱笆之隔，相当隐蔽，当敌人进至前沿时突然开火，打乱敌人的战斗队形，并乘势发起攻击，将敌彻底冲垮。我军乘胜猛追，敌人仓皇撤回了北平城。

12月16日，敌又出动5个师的兵力进攻丰台。南面敌第94军2个师，在数十门榴弹炮支援下，沿于家胡同、老河、王爷坟向我观音堂、纪家庄一带进攻。敌第92军第142师在装甲列车引导下，沿铁路以北向我同埠洼、孟咸、沙帽园一带进攻。冲击前，敌人实施了20多分钟的炮火轰击，火力更加猛烈，接着是成连成营密集队形的冲击。

我军坚守阵地的部队在强大炮火支援下沉着应战，待敌人接近到阵地前沿100米左右时，各种火器一齐开火，再近就投掷手榴弹，又一次打退了敌人的冲击。对敌人的装甲列车，采取把列车放进到阵地和丰台里边来，拦头用炸药包炸、火箭筒射击，并集中轻

重机枪火力拦阻跟随的步兵。有的地段敌人冲入了阵地，我军即组织兵力反击出去。守沙帽园的第39团8连，打得只剩下15人，但始终守住了阵地。7连剩下19人，在排长姜新良带领下，跃出堑壕，与敌白刃格斗，守住了阵地。

敌第101军第271师、第272师在坦克、装甲车、汽车各10余辆的引导下，向我第15师水口子、莲花池、跑马场、财神庙等阵地进攻。敌人在猛烈炮火支援下连续冲击，水口子阵地一度被占。我第15师第43团的各反坦克小组，在炮火掩护下，炸毁敌坦克、装甲汽车多辆；步兵实施阵前反击，击溃了敌人。

向我军各师正面进攻的敌人，在我军英勇抗击下毫无进展，突入丰台的装甲列车也被我军击毁。激战至16日下午7时，我军各师在炮火掩护下向突入阵地和阵前的敌人展开反击，第13师在纵队炮团及师、团百余门火炮支援下全线出击，把敌人打得四处奔逃。各部队乘胜出击，敌人的反扑被我军彻底打垮。敌人始终未能突破我军丰台防线，败退后被我军牢牢地围困在北平城里。12月16日，一天奋战，我军又毙伤敌人2000余人，击毁装甲列车1辆，坦克、装甲汽车20余辆。我军也付出了伤亡1770人的代价。第37团政委张同新光荣牺牲，第38团团长翟秉涛负重伤，60余名营、连、排干部伤亡。

1949年3月9日，毛主席从西柏坡进北平，路过第5纵队驻地时，称赞他们抢占丰台打得好，提前50多个小时完成了任务。毛主席的话温暖着每个指战员的心。

激战广安门

1949年1月14日，我第15师某团3营坚守在广安门外的郭公庄、财神庙一线，严密监视着敌人的行动。入夜，寒风刺骨。3营教导员马扶增凝望着笼罩在烟雾里的广安门，团长张志超傍黑来的

一次电话，仍在他的耳边回响，他告诫3营说：敌人西逃绥远的美梦虽然破灭了，但仍没有放弃从海上逃跑的幻想。许多征候表明，他们仍企图夺取丰台，增援天津，然后出塘沽向南逃跑。团长严峻地命令他们：做好一切准备，坚决守住阵地，配合兄弟部队保住丰台，彻底打掉敌人的幻想。为了对付敌人的坦克，团里还决定调一门火箭筒给3营。

眼前的沉寂更使马扶增感到不安。一分钟也不能待在指挥所里了，他和副营长研究了一下之后，摸黑来到9连阵地，看到3排的战士们正在加固工事。黑夜里，一个战士问："教导员，谈判谈得怎么样，敌人投降不投降?"马教导员说，敌人不但不想投降，还想夺取丰台突围呢！他刚说完这句话，战士们便纷纷议论开了。有的说，想突围是在做梦；有的说，反动派都是属蚂蚱的，不按着不拉屎。干脆，揍！跟他磨什么牙。咱揍得他动弹不了，看他怎么办？到那时候，他投降，欢迎；不投降，三个字，消灭他。战士们中间到处洋溢着革命英雄主义的气氛。

15日清晨，浓密的晨雾笼罩着广安门外的原野，敌人经过一天的准备，又开始作最后挣扎了。一排排炮弹，从广安门飞向我军的阵地，10分钟后，敌人的炮火渐渐稀疏，远远传来了坦克的轰鸣声，战士们都趴在掩体和交通壕里，火箭筒班班长陈风样把火箭筒架在指挥所院墙的缺口上，两眼紧盯着公路。

不一会儿，敌人的坦克和装甲车越过莲花池出现在公路上。它们像一群凶猛的野兽，不停地吼叫着，边前进边射击，后面跟着密集的步兵。只见第一辆坦克已爬到公路的拐弯处，我火箭筒嗖地冒出一股火光，坦克的履带像条蜈蚣，哗的一声倒到公路上，不能动弹了。敌人并没有就此停止，第二辆坦克把第一辆推到路边，继续冲过来，后面紧跟着步兵。敌人的步兵进了我方的火力网，3营的各种武器一齐开火。敌人第二线的步兵被打乱了，坦克却依然掩护着第一线步兵向前冲。眼看第二辆坦克快接近我军的阵地，教导

员马扶增急忙喊道："陈风祥，打。"话音刚落，一排炮弹在指挥所和火箭筒阵地上爆炸了。陈风祥的下半截身子和火箭筒被倒塌的院墙压住，他的脸上被烧了好几个大水泡，几处破了皮的地方，露出了鲜红的嫩肉。陈风祥忍着疼痛，伸手拿过断了腿的火箭筒，装上炮弹伸出墙外，瞄向第二辆坦克。敌人的坦克继续疯狂地射击着、吼叫着，陈风祥全身不停地痉挛着，头上布满了汗珠，但火箭筒却紧跟着坦克移动，只见他狠狠地扣了一下扳机，一溜火线直射向坦克。随着一声闷雷似的爆炸声，坦克立刻燃起熊熊火光。同时，陈风祥也昏迷了过去。

这时候，3营右面古庙、核桃园一带的兄弟部队，已和敌人展开了白刃格斗。3营正面敌人的10多辆坦克和装甲车，掩护着一大群步兵，气势汹汹地冲来，情况非常危急。陈风祥人事不省，正当马扶增焦急万分之时，9连的朝鲜族战士李润太和朴宪吉突然跑到他的面前，说："教导员，让我们去炸毁它！"李润太满脸火红，气喘吁吁，手里提着几个捆在一起的手榴弹。他俩来得太及时了，马扶增急忙对他们说，你们隐蔽在小桥边，不让它过桥。马扶增的话刚说完，他俩便冒着弹雨，不顾一切地向桥边冲去。

第一辆坦克刚爬上桥头，突然火光一闪，便被烟雾吞噬了。可是，烟雾消散后坦克仍在前进。马扶增用望远镜搜寻着坦克周围，忽然看到两个战士爬到坦克上，一个正在掀坦克顶盖，右肩上露出一朵雪白的棉花；另一个高举着手榴弹。只见他俩同时手一张从坦克上跌落下来。敌人的坦克越发疯狂了。它们一面机枪、火炮齐射，一面继续往前冲。眼看第二辆坦克快要过桥了。正在这时，马扶增看见一个战士紧跟在第一辆坦克后面，吃力地爬着，从肩膀上露出的棉花，马扶增认出了这是李润太。敌人的子弹不断地打在他身前身后，他仍拼命地跟着坦克爬。忽然，第一辆坦克冒出一股大火，接着传来一声震天动地的爆炸声。被炸毁的坦克像一个火球横躺在桥头，道路被阻塞了，其他坦克和装甲车都停在桥头喘着

粗气。

敌人的坦克虽然被阻，但步兵在坦克炮火的掩护下，仍继续向3营扑来。就在这个时候，1连奉团长命令前来支援。马扶增立刻命令1连迅速占领右侧那条河沟，集中火力把敌人拦腰切断，不许敌人前进和后退。不一会儿，河沟里突然响起了密集的枪声，正向3营冲击的敌人被拦腰切成了两段。紧接着，我军的大炮也怒吼了，数不清的炮弹在敌群中爆炸。敌人全线溃退。战士们陆陆续续押着俘虏，扛着缴获的武器，返回阵地。李润太和朴宪吉互相搀扶着，一瘸一拐地向指挥所走来，他俩的腿、脚都负了伤。陈风祥也艰难地坐起来，一字一顿地说："他们如果还想较量较量，我剩下的8发火箭筒弹，最少也要消灭他8辆。"

勇夺南苑

1948年12月11日，我东北野战军第3纵队第7师奉命秘密开进至河北省香河地区，配合兄弟部队切断了北平与天津之敌的联系，顺利地完成了分割敌人的任务。紧接着，第7师迅速进至北平东南地区，揳入南苑，并形成了对南苑机场的包围。南苑机场在当时是敌人从空中进行补给和联络的一条重要渠道，敌机正频繁进行着空运。第3纵队的野炮团也迅速赶到了南苑机场附近，并向起飞降落的飞机开炮，打得敌机不敢轻易起落。17日黄昏，第7师在炮火的配合下，向南苑机场守敌发起了进攻，全体指战员发扬了近战、夜战的光荣传统，仅几个小时就攻占了南苑机场，缴获各种飞机25架以及大量的军用物资，切断了北平敌人重要的空中补给联络线，使北平守敌大为震惊。

12月19日，敌第56师以2个团的兵力，在大炮、坦克的掩护下，对被我军攻占的南苑机场的部队进行了反扑，企图夺回机场。我第7师指战员早有准备，沉着应战，伺机歼敌。下午1时，敌向

我军前沿和纵深连续炮击。随后，公路上出现了敌人的坦克，后面跟随着一群缩头缩脑的步兵。在坦克距我军阵地三四百米时，我军第354团炮2连副连长李燕华指挥向敌开火，炮弹碰在敌坦克上直冒火星，由于距离较远，坦克装甲又厚，未能阻止敌人前进。敌人发觉我炮兵阵地后，炮弹接连在炮2连阵地爆炸，2连背后的机场正面围墙被炮弹击穿，一片片地倒塌下来。当敌坦克前进到距我军阵地百余米时，2营教导员张太云亲自组织60炮、火箭筒、重机枪一齐猛烈射击，炮火纷纷飞在坦克周围，跟随在坦克后面的敌人步兵一个个吓得屁滚尿流，纷纷离开坦克，躲到公路两旁地里。这时，我大炮猛烈开火，当场打得坦克中弹起火。敌人不甘心失败，像输红了眼的赌徒，继续组织反扑。我军第354团指战员越战越猛，连续打退敌人一次又一次的猖狂进攻，始终坚守住南苑机场阵地。

我军攻占南苑机场后，北平被包围得更紧了，惊慌失措的敌人不得不在北平城内修建简易机场。我第7师发现这个情况后及时向纵队首长报告，纵队首长指示，对敌机场炮击时，一定要注意保护北平古城的历史古迹。根据这一精神，我炮兵经过详细侦察和周密计算，把每发炮弹都打到了敌人的机场上。事后，北平的群众说："解放军的炮兵真神，炮弹都打在了敌人的机场上。"

ZHONGWAIZHANZHENGCHUANQICONGSHU

五、解放西郊

飞夺卢沟桥

为了完成对北平之敌的包围，东北野战军总部命第 5 纵队和第 11 纵队全力切断宛平敌人退路，防止宛平之敌突围和北平之敌出援。

1948 年 12 月 13 日下午，我第 11 纵队第 31 师奉命从南口一线出发，逼近昌平，然后沿着西山小路轻装急进。黄昏时分，部队进入妙峰山地区。我前哨分队同 1 个连的敌人接触，我军当即向敌发起猛烈攻击，迅速占领制高点，集中火力打得敌人丢盔弃甲，狼狈逃窜。夜幕降临，第 31 师顺利通过山谷，继续向南疾进。

严冬的夜晚，北风呼啸，寒气逼人。尽管指战员们的手脚冻僵、冻裂了，但仍然飞速奔驰在崎岖的山路上，过了门头沟，东转石景山。前进中，纵队命第 31 师后卫第 424 团和师直属队就地留下待命，准备配合第 143 团围歼石景山发电厂守敌。更深夜静，冷冷的月光洒遍大地。我军成一路行军纵队急促地行进在卢沟桥西北地区的小路上，四野静悄悄，只听到刷刷刷的脚步声。突然，左翼不远处的大道上，一支番号不明的队伍正与我军平行前进。月光下，这支队伍稀稀落落，散不成军；人人弯腰曲背，疲惫不堪。还

不时听到一两声粗俗下流的骂娘声。毫无疑问，这是一股往北平溃退的敌人。"出其不意，攻其不备"，我军指战员奋不顾身，勇猛冲杀。一瞬间，敌人像被打散了的狼群，借着夜幕遮掩四处逃奔，跑不动的则乖乖当了俘虏。短短一战，俘敌 100 余人，缴获武器一批。

14 日凌晨，部队进抵卢沟桥附近隐蔽宿营，天黑后，部队迅速经卢沟桥向黄土坡、黄村一线开进。又是一个寒冷的月夜，部队借着冷冷的月光飞奔在寂静的原野上。当部队前进到黄土坡以东地区时，又同连夜往北平撤退的敌保安旅一部遭遇。我前卫分队沉着果断，先发制人，奋起冲杀。敌人遭到突如其来的猛击，惊慌失措，乱作一团，纷纷扔下枪支弹药，争相逃命，溃不成军。

随后，我第 31 师以神速动作直奔黄村，当前卫团进入村庄时，当地老乡也分不清他们是什么队伍，只是一个劲地央告说，2 个小时以前，村子里已经住进了一批"老总"，这儿再也不能驻扎队伍了。还说这些"老总"进村以后又打又骂，把老乡家的老老少少赶进小屋，现在正在屋里睡大觉……老乡们央求他们别去惹麻烦了。根据群众的反映，师长欧致富意识到：又同敌人遭遇上了。真是冤家路窄！不立即收拾这伙送上门来的残害老百姓的家伙，更待何时，于是，他立即命令部队包围村庄，逐家逐屋地搜捕，决不让一个敌人漏网。部队接到命令以后，以迅雷不及掩耳之势，把整个村庄严严实实地围了起来。愚蠢的敌人，满以为在这几十万重兵防守的北平城郊，可以毫无顾忌地放心睡大觉了，却万万没有料到，正当他们鼾声如雷的时候，已经陷入了插翅难飞的罗网。在严密封锁村庄、路口以后，各分队干部奋勇当先，带领战士们兵分多路同时包围了村子里的每一间房屋，堵住了每一扇门窗。战士们推开各个房门一看，只见满屋的敌人横七竖八，沉睡如泥，武器装备杂乱地放在一边，敌人毫无戒备，正在做黄粱梦呢。当他们在一片"缴枪不杀"的吼声中惊醒时，一支支枪口已经对准了他们的胸膛。300

余名官兵，一个个像丧家之犬，垂头丧气地举手投降，他们携带的6门迫击炮、300余支枪和一大批弹药成了我军的战利品。

15日清晨，我纵队通知第31师立即返回石景山待命。当天下午，第31师第425团、第426团赶到预定地点。

与此同时，第32师侦察部队消灭了卢沟桥敌人1个连，并占领该地。此前14日下午，第33师直逼北平西郊，占领西郊机场及万寿山、青龙桥，而后在西直门附近击退敌人坦克的反扑，突进敌人第二监狱，并攻占五塔寺、老虎庵和花园等据点。清华大学和燕京大学（即今北京大学）也得到了解放，两校师生对我军表示热烈欢迎，城里各校师生自此便把这里称为解放区，常有老师、同学在我地下党的引导下来这里进行联络。15日，我第11纵队部署于海淀、门头沟、西黄村、南北辛庄、古城、田村一线，形成了对北平西北部的弧形包围。

攻占石景山

1948年12月15日下午，东北野战军第11纵队了解到在北平外围重要据点石景山有一股敌人，决定以第32师第95、第96团附山炮8门攻歼之。石景山位于北平正西20余千米处，山地不高，在山的东西两侧有并立的炼钢厂和发电厂。发电厂是北平城内水电供应之源，关系着200余万市民的生活保障。北平守敌也深知此处的重要，因而加强了守备。我军及早拿下石景山，可防敌破坏，并保障城区人民的水电供应，还可给敌增加压力，促使守敌早日接受和谈条件。

石景山原来只有400余名伪警察，后来敌又增派了1个步兵团，即第101军第273师第817团。工事原来只有十几处单个碉堡，后又加筑了很多碉堡群，敌第817团以2个营驻守石景山炼钢厂和发电厂，其余分布在摸式口、老虎山一带，企图凭借工事

顽抗。

据此情况，我军作了充分准备，于 15 日 17 时对石景山发起进攻。在炮火支援下，我第 95 团突击队迅速攻占摸式口及其附近的碉堡群，并向老虎山、石景山攻击前进，一举包围了老虎山和石景山北部。第 96 团也同时包围了石景山的东南面。至此，对敌完成了包围。16 日 7 时许，第 32 师继续向敌发起攻击，经过 5 小时激战，第 95 团攻克老虎山、发电厂及其附近的碉堡群，第 96 团逼近炼钢厂，将敌压缩在该厂一所钢筋水泥的楼房里，经过激战，敌人伤亡惨重。当时我军如果实施爆破，可一举攻占该楼，但由于第 96 团所带炸药不够，师属山炮之炮弹也已打光，不得不停止攻击。经重新准备，预定于翌日展开进攻。敌人慑于被歼，于 16 日夜乘我军部署未就之际，偷渡永定河向西南逃窜。我军发觉后，即展开猛追，至 17 日 3 时许，俘敌 200 余人，敌落水溺毙 220 余人，余敌被兄弟纵队堵歼。战斗结束，第 11 纵队歼敌 1679 人，缴获轻重机枪 28 挺、长短枪 764 支、炮 6 门、弹药和装备器材 1 部。我军占领石景山。

北平是个古都，城内外的古迹文物比比皆是，第 11 纵队指战

东北野战军第 2 兵团的部队占领石景山发电厂

员恪守中央军委和东北总指挥部关于保护学校、文化古迹、工厂仓库和外侨等各项政策和纪律，做到秋毫无犯，并切实保护好。这时，石景山发电厂已停止向城区送电，一到夜间，北平城内一片漆黑，白天电车不能开动，自来水断流。石景山发电厂和炼钢厂的各种设备由于工人们在厂地下党组织带领下展开护厂斗争，因而未遭破坏。第 11 纵队领导认为，当时的任务虽然是包围北平之敌，准备攻城，但也要尽可能照顾城市居民的日常生活。经向兵团请示，决定尽快恢复向市区供电。此举政治影响很大，对和平解放北平起到了很大的推动作用。12 月 21 日，中央军委表扬第 11 纵队第 32 师攻占石景山工厂区纪律良好，保护工厂不受破坏，各种物资原封不动。

六、傅作义输掉看家本钱

痛歼第 35 军

就在第 2 兵团积极准备攻打新保安的时候，毛泽东日夜操劳，运筹帷幄，指挥我军，已基本上将傅作义的"长蛇阵"截成了三段：东段天津之敌两个军部、11 个师及塘沽、大沽之敌 1 个兵团部、1 个军部、5 个师；中段北平之敌华北"剿总"及 2 个兵团部、8 个军部、25 个师；西段张家口之敌 1 个兵团部、1 个军部、7 个师。完成了对平、津、张敌军的分割包围。

毛泽东估计到在华北第 2 兵团攻击新保安时，张家口守敌可能乘机突围西逃，为此命令东北野战军第 4 纵队于 17 日由南口西开，加强对张家口的包围。1948 年 12 月 19 日，毛泽东明确电告第 2 兵团，待东北第 4 纵队与华北第 3 兵团完成对张家口的攻击部署后，第 2 兵团即发起对新保安的攻击。

接到毛泽东这一电令，第 2 兵团司令员杨得志无比兴奋，从围住第 35 军那天起，已经熬了 11 个严寒的昼夜，对敌"王牌军"进攻的时刻终于盼到了。第 2 兵团指挥所立即前移至离城 1500 千米的地方，不用望远镜即可看到新保安了。杨得志他们考虑到，这是平津战役"各个击破"敌军的第一仗，决定集中全部兵力参战。

12月22日7时，我军的攻城战开始了。第2兵团指挥部驻地上空，几颗信号弹划破黎明的寂静。霎时间，我军万炮齐发，弹雨倾泄，密集的火网从四面八方一齐向新保安射去，枪炮声、喊杀声、炸药包的爆炸声交织在一起，震撼着山岳。

在炮火的掩护下，官兵们如箭离弦，跃出工事，利用地形地物，迅速接近城墙。

整个新保安，枪炮声、拼杀声、爆炸声、军号声，构成奋勇歼敌的交响曲。

由于我军部队动作迅猛异常，城墙敌人尚在隐蔽部里，就连人带炮都成了俘虏。守敌看到城墙被突破，拼死反击，我尖刀部队在突破口上与敌整整恶战了一个半小时，打退了敌人接二连三的反冲击，终于巩固住突破口。

很快，城堡四周均被我军突破，清脆的枪炮声，激昂的冲锋号声，响彻云霄。我军像浪潮似的涌进城内，对敌人的包围圈越缩越小了。

我军乘势开展敌前喊话：

"缴枪吧，别给蒋介石卖命了！"

一部分刚解放的战士也现身说法：

"弟兄们，我是几小时前从第35军过来的，咱们都是穷人，命是自己的，枪是老蒋的。别拼命啦，快投降吧，这边宽待俘虏。"

就这样，敌人像羊群一样，一群一群地当了俘虏，仅第68团就俘虏了1000余人。

我军第4纵队11旅和10旅突入城内后迅猛扩展，仅用5个小时就占领敌核心工事钟鼓楼制高点，攻下第35军军部，生俘敌少将副军长王雷震。然后和第3纵队、第8纵队协同动作，逐屋与敌争夺，逐个地堡扫清敌军。还不到黄昏时分，经9个小时的攻城战，新保安已被我军完全占领。当我军战士攻入敌在城北街半截巷指挥所院落时，敌第35军军长郭景云已在屋内自杀了！傅系"王

我军战士突破城防

牌军"的覆灭，使傅作义和傅系甚为震惊。

我第2兵团迅速向毛泽东汇报战况，当晚22时，毛泽东复电：全歼新保安之敌甚慰，望你们仿照刘伯承、邓小平、陈毅、粟裕在徐蚌作战中即俘即查、即补即战方针，立即将最大部分俘虏补入部队，并迅速加以溶化。

23日黎明，杨得志和罗瑞卿、耿飚等人冒着激战后的硝烟，来到战场视察，但见新保安狭窄的街巷里，横七竖八的汽车，翻了个的工事以及群众的房舍，仍然冒着滚滚浓烟。枪炮车辆与物资弹药遍地皆是。这样的地形，第35军400多辆大汽车挤在街巷，即使我军让他们开，短时间也是开不出来的。有不少群众在工事里寻

攻占敌军指挥中心钟鼓楼

战斗结束后的新保安

找自家的东西,他们说:"第35军连我们的切菜板都抢来修工事。这些该死的家伙。"杨得志的警卫员小段听了群众的叙述,怒不可遏,见着成群的俘虏,竟气愤地掏出枪来,被杨得志制止了。

杨得志信步来到郭景云的指挥所,他想看看这个与自己拼杀了

被俘的国民党军第 35 军官兵

数年的老对手临死前的狼狈相。比较宽敞的四合院，杂乱无章，狼藉不堪，门外堆着几个汽油桶，据说这是郭景云准备在我军入城之后，他与营以上干部自焚用的，但是连他的副军长也没有听从他的命令，只有他自己一人自杀了。

新保安之战，共俘敌 12485 人，毙敌 3000 人，合计 15485 人，并缴获了大量战利品。这是平津战役第一个大的攻坚战，消灭了敌"王牌军"第 35 军。傅作义所赖以起家的看家本钱没有了。

消灭第 11 兵团

在华北第 2 兵团围困新保安的同时，我军杨成武、李天焕率领的第 3 兵团，也在围困张家口的国民党守军。

塞外的 12 月，到处是白茫茫的积雪，气候经常在零下 20 多度。风卷雪粒打在脸上，针扎一般，西北风如同小锥子往骨髓里钻。地冻得硬邦邦的，战士们构筑工事，镐头刨下去一蹦多高，刨不上几下，手就被震裂了，血流到镐把上，稍停一会，手就和镐把

冻在了一起。

工事没法筑，干部战士通过召开诸葛亮会，想出了一个绝妙的好主意：先用石头垒成各种工事，然后浇上水；水和石头冻在一起，比钢筋水泥还坚固。用这办法，我军在河滩上筑起了几道300多米长、2米高、3米厚的拦墙。战士们在拦墙上豪迈地写道："铜墙铁壁修得牢，敌人想跑也跑不了！"

"围而不打"。一天一天过去了，敌人不逃跑，我军也不攻击。一些性急的战士手发痒了，一个劲地嚷：

"整天像猫瞅老鼠似的，光围着不打，这叫啥仗？"

各级领导给战士们做工作：

"咱们把张家口围住不打，就从北平钓出一条大鱼第35军。第35军火烧屁股似的来救张家口，我军又攻占密云，威胁北平，第35军拉起腿再向后跑。但只跑到新保安，又被包围住。就这样调来调去，已经叫敌人的6个师完了蛋。现在，张家口、新保安以至北平、天津的敌人，都成了笼中鸟、瓮中鳖，有翅难飞，有腿难逃。我们的任务是作好一切准备，单等毛主席命令一下，攻必克，战必胜。"

大家的心里亮堂了，练兵、修工事，劲头更足了。

12月22日下午5时，新保安的第35军被歼后，杨成武判断，被包围在张家口的敌人为了逃脱灭亡的命运，会很快择路突围。突围时间，估计是在拂晓以前行动，拂晓时集团猛扑。突围方向，估计向西的可能性大，因为西面地形开阔，但也不能排除向北突围的可能性，北面有一条公路通张北，1946年10月，敌人偷袭张家口时，就是从这条道路来的。

对敌人要选择的突围方向作出判断，是极为重要的，因为我军现在不能一般地拉大网，须根据这个判断重点部署兵力，以便当敌人大举突围时一举歼灭之。

根据上述判断，杨成武拟订了行动方案：对西边和西南边，部

华北第 3 兵团和东北野战军第 4 纵队的指挥员在张家口前线。从左至右为李志民、吴克华、杨成武、莫文骅、李天焕

署了阻击兵力；在北面，命令部队倚山据险，做好阻击敌人集团冲锋的准备。除了在这两个方向上加强部署外，对其余部队的相应行动也做了安排。为了便于指挥，不失战机，不耽误时间，杨成武决定立即在张家口的西太平山上开设兵团前进指挥所。

杨成武是料敌高手，早在抗日战争黄土岭战斗时，他就因料敌准确，巧设埋伏，歼敌 1500 名，并击毙敌中将旅团长。这一次，果然又不出他所料，当新保安敌第 35 军被歼后，张家口的敌第 11 兵团就已部署突围：步兵出大境门，向北；骑兵过大洋河，向西南转向西，掩护步兵的行动。敌骑兵在孔家庄一线发现我集结重兵并有坚固工事，也发现他们上司的突围计划是牺牲骑兵掩护步兵，便干脆折回大境门。这样，敌人就只有一个向北突围的方向了。

杨成武预料敌人在拂晓突围，确实不差，12 月 23 日拂晓，山下果然传来敌人轰隆轰隆的大炮声。张家口守军开始向城北机动。

炮弹在西甸子、朝天洼我第 3 旅的阵地上爆炸了，有的炮弹直接命中工事，但那些工事屹立不动，坚如磐石。工事修得何等好啊！这些用石头垒成再浇上水结成冰的工事，炮弹根本难奈其何。

杨成武站在山上兵团前进指挥所里，把望远镜转向第 3 旅旅长张开荆的指挥所。

我军张开荆的指挥所设在朝天洼旁边的小山包上，密集的炮弹在山上爆炸，只待几十秒钟，黑色的烟雾就连成一片，把那一带完全笼罩了。

杨成武又往河滩上看。相距这么近，似乎就在眼皮底下，不需要望远镜也能看得一清二楚。敌人真是狗急跳墙，孤注一掷了。从大境门往外，沿着河滩、公路，到处都是人。骑兵、步兵、炮兵、骆驼队、辎重、马匹，像赶庙会似的挤成了一疙瘩。敌人的整个大队人马，全涌到这里来了。攻击的敌人，由几面国民党旗引路，在挥舞着大刀的督战队的驱赶下，密密麻麻地扑向我第 3 旅阵地。

不难看出，敌人下了决心，非杀开一条血路不可，因为这关乎到生死存亡啊！

针对这种敌情，按照兵团领导预先的判断和决心，杨成武于 23 日晨立即下达了围歼敌人的命令：

我军第 3 旅坚守西甸子、朝天洼阵地。第 2 纵队、第 1 纵队 1 个旅和东北野战军第 4 纵队主力，分别从黄土岭张家口以南地区向大境门出击；第 6 纵队指挥第 1 纵队 3 旅直插张家口城北之朝天洼至乌拉哈达一线，从北面堵击；第 1 纵队 1 个旅和北岳军区、内蒙古军区、冀热察军区的部队以主力 2 个骑兵师插到五十家子、麻地营子、汗诺坝、甸门口、黄土坝及其东南地区，从西北方向实施迂回堵击，构成第 2、第 3 道堵击线；东北第 4 纵队 1 个师插到朝天洼、西甸子东南，与第 6 纵队形成南北夹击之势。

这样，就构成了天罗地网，把敌人置于绝境。

但是，部队全部集中到指定地点需要时间。命令规定，各路截击侧击部队于当日晚 10 时到达指定地点。

从下达命令到晚 10 时，要度过整个白天，在这段时间里，正面阻击的第 3 旅将承受全部压力。

华北部队同东北部队互赠锦旗

夜幕四合，山峦、林带、村落、河流等景物的轮廓越来越模糊，最后融成一体了。这是张家口之战的最后一个黑夜。

空中纷纷扬扬下起雪来，整个天地变成一片乳白色，连绵的山峦很快便银装素裹。古长城肃立在峭岩绝岭上，迎风傲雪，更显得伟岸超群。

敌人用两个师的重兵，疯狂地向我第3旅阵地进攻了8个小时，仅仅占去西甸子村，其余阵地都未能突破。敌人向来不敢夜战，随着白昼的结束，便像泄了气的皮球一样，再也没有一点力气了。英雄的第3旅依然士气旺盛，巍然屹立。

第二天清晨，经过一夜大雪的装点，周围山峰全都换上了银装，披上了素练般的白雪。经过竟日鏖战，雪化了，雪水和着血水，表层全成了褐红色，如同巨型征袍，透出血染的风采。

在我军第1纵队3旅英勇抗击敌人的同时，第2纵队遵照兵团命令，顺着张家口西侧的几条山沟攻击前进。此时，大部分敌军已集结在大境门外的山沟里，东西两侧的山上大都是被打散了建制的敌散兵游勇以及通过小山沟逃上山的敌骑兵或保安队，他们在山里乱转，见我大军压来，连忙下跪缴枪，个别逃跑、顽抗的，第2纵

队派出少数部队予以消灭，大部队不恋战，急速大踏步追击前进，以免耽误时间。

敌人兵败如山倒，我军所向披靡，锐不可当，追兵所至，敌军纷纷缴械投降。部队派几个战士，指挥俘虏把武器一堆堆放在地下，然后把俘虏一群群往俘虏营送。

这样，经过我军前堵后截，最后将几万敌人压缩、包围在大境门外朝天洼、西

围歼逃敌

甸子以内 10 千米长的狭小的沟里。敌人车辆人马争相夺路逃命，骑兵撞倒了步兵，大车翻进了人群，一大排无法带走的汽车被付之一炬，火光冲天，人喊马嘶，乱作一团。敌人虽然还在东突西窜拼命挣扎，但建制已经混乱，失去了战斗力，陷入了绝境。

我军瓮中捉鳖，很快将敌主力消灭。

敌第 11 兵团司令孙兰峰见主力已被歼灭，即令余部分散突围至张北集合，残敌四处溃逃。我军干部战士不待上级命令，立即分头捕捉散敌。

面对这幅雄伟的歼敌图景，杨成武驻马山上，不禁大发感慨：曾几何时，敌人还是那样桀骜不驯，不可一世。如今在这里，已陷入了八面埋伏的绝境。

12 月 24 日，我军对被围之敌人展开了全面的围歼战。各部队纷纷插入敌群，纵横厮杀。从大境门至西甸子、朝天洼，到处都是敌人的骑兵、步兵。骑兵与步兵混在一起，施展不开优势，乱成了一锅粥。战马炸群，四处乱闯，把敌人自己的逃路给堵塞了。

ZHONGWAIZHANZHENGCHUANQICONGSHU

大境门，成了这场痛快淋漓的歼灭战的历史见证。

大境门早在明代就是长城的一个重要关口，门额挂有清代察哈尔都统高维岳所书"大好河山"四字，笔力雄浑苍劲。因为地形险要，为兵家所必争。大境门外，人称"口外"，九一八事变后，冯玉祥部爱国将领、共产党员吉鸿昌率领抗日健儿出大境门北进，浴血作战，收复多伦等失地，把日本侵略军赶出察哈尔全境。1945年8月24日，我军从大境门入城，收复张家口，消灭了盘踞在古城的日军。

大境门，在漫长的历史长河中目击了人世沧桑，如今，它又看到几万敌军的覆灭。

解放张家口

敌人很快就被分割成无数小块。由于我军动作迅猛,敌人逃到哪里就打到哪里,使得敌人简直没有招架之力。我军的许多部队成百上千地俘虏了敌人,到下午3时,围歼战宣告胜利结束。

张家口战役,我军攻势勇猛,经30余小时激战,全歼敌第11兵团5个步兵师、2个骑兵旅,共54000余人,内生俘53900余人,毙伤敌3610余人。

连同外围作战在内,这次历时25天的战役,我华北第3兵团和东北野战军第4纵队等部队共歼灭敌人65000余人,自己仅伤亡2900余人,以极小的代价,打了个大歼灭战。

这样,整个大同以东,直到北平,全被我人民解放军控制,傅部向西突围已经不可能了。

当日,中央军委发电祝贺:

华北二、三兵团:庆祝你们在几天内歼灭新保安、张家口两处敌人,并收复张家口的伟大胜利。

望着胜利后红旗招展的张家口,杨成武不禁想起了聂荣臻司令员在1946年10月撤离张家口时说的话:

"撤出来是暂时的,用不了多长时间,我们还要回来的。"

这句预言,仅仅两年多一点,就成了现实。

新保安、张家口两战,傅作义的嫡系部队已基本被歼,进一步促使他下定了起义的决心。

七、神兵降津门

隔断平津之敌

毛泽东和中央军委高瞻远瞩，成竹在胸，早在东北部队刚刚启程的时候，就对东北大军进关的行动作了周密安排。1948 年 11 月 26 日，军委即电示：你们主力的第一个作战，应不是唐山，而是在平津线上之廊坊等地。

12 月 8 日，当东北野战军刚刚到达冀东的时候，军委又来电指出：

你们的首要任务是不使这些敌人逃至天津。其方法是以 4 个纵队占领廊坊、香河之线，隔断平、津联系。只要此着成功，北平区敌人 14 个师即无法逃脱。

这就清楚地告诉东北野战军总部林彪、罗荣桓等战区指挥员，隔断平、津之敌，是整个战役一着非常重要的棋，也是东北野战军进关部队的一项首要任务。

12 月 11 日，中央军委下达了《关于平津战役的作战方针》的电令，对整个战役作了全面部署。命令我华北野战军于平西线各部

队对张家口、新保安诸点之敌，在两星期内"围而不打"；命令我东北野战军，要"不惜疲劳，不怕减员，不怕受冻受饥"，即取神速动作，同时切断津、塘和平、津之间敌人的联系，对敌人形成"隔而不围"战略态势。"各纵均须构筑两面阵地，务使敌人不能跑掉"。电文指出，这一部署"实际上是将张家口、新保安、南口、北平、怀柔、顺义、通县、宛平、丰台、天津、塘沽、芦台、唐山、开平诸点之敌一概包围了"。

此类电令，都是毛泽东亲笔起草，可谓关照战争全局，高超指挥艺术之杰作。

林彪、罗荣桓决定将隔断平、津和从东、南两面包围北平之敌的任务交给第1兵团。综观战争全局，兵团司令员肖劲光深感责任重大。傅作义的军队虽已成"惊弓之鸟"，但是人数众多，若干部队仍有战斗力。第1兵团的防区位于平津铁路、通津公路的要冲，如果北平的敌人决心向天津突围，到时候必有一场恶战。

第1兵团接到命令之后，各个纵队立即迅速行动。大家只有一个心愿：争分夺秒，尽早赶到指定位置，实现中央军委和毛主席的战略意图。

在这期间，原先位于北平西南的华北第7纵队，根据中央军委指示，渡过永定河，向黄村前进堵截。几天以后，最先进关的东北第11纵队，奉命进驻东垣镇、通县一带。进关较晚的东北第1纵队，也开到了廊坊、武清以南。东北野战军总部先后电令，这几个纵队，统归第1兵团指挥。这样，由第1兵团指挥的部队，共达6个纵队。

这样，大约只用了1周的时间，林彪、罗荣桓及第1兵团司令员肖劲光便把兵力部署停当了：

北平的东面有第11纵队堵截，西南面有华北第7纵队布防，而在最关键的东南和正南方向，也就是在平津铁路和通津公路上，成梯次地布下了第3纵队、第6纵队、第10纵队、第1纵队4道防

林彪（左8）、罗荣桓（左5）、聂荣臻（左3）和黄克诚
（左1）、谭政（左2）、肖华（左4）、刘亚楼（左6）高岗（左7）
在平津前线

线，中央军委关于隔断平、津之敌的战略意图得到了完全的体现。通往天津的道路被彻底堵死。

此时的天津，成了一座孤城。

在这以后的几天里，东北野战军总部一再电告东北部队，北平敌人突围的征候越来越多，要部队时刻保持警惕，严阵以待。各部队都坚守在自己的阵地上，积极抢修野战工事。天寒地冻，寒风凛冽，不少战士手脚冻裂，鲜血直流，仍然顽强奋战，不敢有任何疏忽大意。

12月25日，林彪、罗荣桓电令东北部队：如果敌人依托永定河、运粮河突围时，你们应该以足够兵力在潮县镇、采育镇、旧州

之线顽强死守，以吸引和扼制敌人，然后集结主力，以各个击破的手段，从侧后歼灭敌人。

根据这一作战原则，东北部队各纵队，一一调整兵力部署。除前面提到的第 3 纵队、第 6 纵队、第 10 纵队的位置和任务大体不变以外，又确定：如北平敌突围，第 11 纵队的主要任务是从第 3 纵队右侧向敌突击，以切断敌人归路；第 1 纵队则集结于旧州、廊坊、韩村地区，以配合第 3 纵队、第 6 纵队，对敌人形成钳形攻势；华北第 7 纵队的主力集结于宛平东南地区，控制固安至宛平之间的永定河各桥梁渡口，阻止敌人渡河。

这一调整，使整个兵力部署更加完善了。

平津隔开，为首战天津、歼灭天津守敌创造了有利条件。

后来战争的进程，由于北平的敌人没有突围，东北部队在这一带也就没有打什么大仗。但这绝不是说，这些按照中央军委的命令日夜兼程，赶到这一带来布防没有起什么作用。恰恰相反，这些部队的行动，不仅保障了我军攻歼驻守天津的敌人，而且彻底粉碎了敌人南逃的打算，使北平的敌人不敢、也无法突围，为整个平津战役的胜利打下了基础。

这时，敌军除在平绥线和北平、天津外围被歼的以外，在北平有 20 万余人，在天津有 13 万余人，在塘沽有 5 万余人。

我军的战略布局，原来是首先解放塘沽。因为北平、天津都是几百万人口的大都市，党中央和毛泽东为了使古都名城和几百万人民免遭战争破坏，开始准备先打下塘沽，控制海口，歼灭小的，孤立大的，作出个样子，迫使北平、天津守军放下武器。

但是，后来根据对地形的侦察，塘沽附近四周开阔，河流、盐田很多，而且冬季不结冰，既不便于构筑工事，又不便于展开兵力；同时塘沽背面靠海，守敌侯镜如的指挥部设在军舰上，如果首先攻击塘沽，难以把守敌全部歼灭。这时，北平、天津守敌又表示不愿接受人民劝告，企图顽抗。首先攻击塘沽，就将拖长解放北

刘亚楼在前线指挥所下达攻城命令

平、天津和解放全华北的时间。

根据这一情况，党中央、毛泽东改变原来意图，决定首先攻打天津之敌。

东北野战军立即组织天津前线指挥部，林彪、罗荣桓首长决定由东北野战军参谋长刘亚楼负责指挥攻打天津。

刘亚楼一向以干练著称，他根据天津的地形、河流情况以及敌人兵力部署，决定以4个纵队东西对进，采取拦腰斩断，先南后北，先分割后围歼，先吃肉后啃骨头，各个击破的作战方针。

天津围城兵力，达34万之多，几近3倍于敌，解放天津的条件成熟了。

刘亚楼不无风趣地说：

"我们这34万大军就像一只牢固的铁笼子，天津之敌就是一只老虎，困我们也要把他们困死在里面。"

作战部署很快获中央军委批准。

1949年1月10日，中共中央电示：

人民解放军炮兵阵地

进至天津、塘沽地区的东北野战军特种兵部队

　　为着统一领导夺取平津，并于尔后一个时期内（大约有3个月）管理平、津、唐及其附近区域一切工作起见，中央决定以林彪、罗荣桓、聂荣臻三同志组成总前委，林彪为书记，所有军事、政治、财政、经济、粮食、货币、外交、文化、党务及其他各项重要工作均归其管辖，以一事权而免分歧。

这一决策，为夺取天津，进而夺取北平，创造有利的条件。

国民党对于天津的防务，一直抓得很紧。1948年夏，时任国民党华北"剿总"总司令的傅作义，刚上任时跃跃欲试，但经过易县、涞水之役，他所恃为"精悍"的第35军被击溃后，越来越感到了解放军的野战威力，彻底消灭华北共军的气焰减去了很多。他将张垣、北平、天津作为三个基点，连同平津张铁路线上的重要城镇，预设工事，以为依托，实行所谓"灵活机动、集中优势"的"依城决战"方略。

为了使平津互为依托，加强天津的防务，傅作义又于1948年6月将亲信陈长捷从兰州（当时陈长捷任第八补给区司令）要到天津，给陈长捷以"警备司令"之职，负守卫天津之责，要他在其后三四个月内，认真筹办好两件事：

一是改建并增强天津的城防工事（现城防工事原是第11战区天津指挥所主任上官云相同天津市市长杜建时一年前所筑），成为设堡强固阵地；

二是征天津市壮丁，编成"警备旅"（等于三团制师）作经常守备，以便灵活调度驻防在津的正规部队。

对于天津的防守，蒋介石也十分重视。1948年10月前后，蒋介石数次到北平，当时的参谋总长顾祝同、徐永昌也不断到北平，反复商讨平津部队部署问题。

1948年9月30日，蒋介石乘飞机到北平。10月4日，蒋介石要第62军军长林伟俦奉命到北平去见他，蒋介石对林伟俦说：

"明天我到东北，经过天津。"

接着，蒋介石让林伟俦和他的侍卫长俞济时商量行程。俞济时用电话和在塘沽的国民党海军总司令桂永清联系后，决定蒋介石于5日上午8时半从北平飞往天津，林伟俦去天津飞机场迎接，乘汽车至塘沽码头，由桂永清在塘沽准备舰艇，驶往葫芦岛。

一切部署得天衣无缝后，俞济时这才松下一口气来，并嘱咐

林伟俦千万守密，不可使任何人知道。陈长捷是天津守备司令，但不是蒋之嫡系，林伟俦便问是否通知陈长捷。俞济时请示蒋介石，蒋介石怕示人以不公，又要陈长捷守天津，就答复可以通知陈长捷。

林伟俦回天津后亲自布置去飞机场迎接人员，分派汽车及沿途警戒。5日上午8时，电话邀陈长捷到家中，告以蒋介石今晨从天津经过去东北。于是，二人遂一同前往机场迎接，去塘沽码头送行。

陈长捷心中真不知是啥滋味，自己虽不是老蒋嫡系，但也为党国效忠多年，蒋介石来津不先通知他，却先通知了归他指挥的林伟俦，看来嫡系非嫡系就是不一样啊。一路上，陈长捷闷闷不乐，一言不发。

在码头上，蒋介石只是对林伟俦说：

"有话和你讲，等从东北回来再说。"

10月7日，蒋介石乘军舰从东北回来抵达塘沽，林伟俦通知天津铁路局备专列火车在塘沽码头迎候蒋介石。林伟俦陪同蒋介石去北平。在火车上，蒋介石对林伟俦说：

"华北将有大战，天津是最重要的地方，你要努力在此工作，必须长期保住天津海口，以待国际变化。"

林伟俦坚定地回答："是。"同时问蒋介石："东北情况如何？"

东北情况如何？东北情况不好，蒋介石为了掩饰真相，只"哼、哼"了几声，未作答复。

林伟俦考虑了一下，又说：

"傅作义地方观念很深，总以绥远、张家口为后方，要集中兵力确守天津海口，必须放弃西北。"

这很合蒋介石的战略方针，便不无赞赏地说：

"很对。你应时常向他建议，促他将重兵集中于天津。华北军事真实情况要即时向我报告。"

蒋介石让林伟俦把陈长捷召来。蒋介石对陈长捷和林伟俦说：

"天津很重要，你俩要倾心合作。"

而后又转向陈长捷，说：

"你来天津不久，杜市长在天津已经三年多，遇事要和他商量。"

最后，蒋介石又叮嘱工事设施和运用要自己掌握，特别注意军事机密。说到这里，蒋介石大概又想起了济南失守的教训，告诫陈长捷、林伟俦二人：

"王耀武失守济南败坏鲁局及孙连仲冀中的失败，都是内部参谋作了间谍，没有察觉而完全泄露了军机所致。我这次亲临东北面授军机，调度部队，并不通过国防部第三厅，均由侍从参军传达意旨，都为的是极端慎重保守机密。"

说到这里，车已行至天津站。陈长捷下车，林伟俦随蒋介石去北平。

在北平，傅作义向蒋介石表示了倾向于"依托美援保持津沽"的向东靠战略，以观望形势。傅作义对蒋介石表示：要尽全力保持平津，支撑华北。

这一决心，为蒋介石所首肯，更为美国所欣赏。

当时，蒋介石支持平津的措施，除将华北的党、政和经济连中央银行的支付权交付与傅作义，让傅作义直接接受"美援"，以表示对其信任外，还编成渤海舰队，派到长山列岛筹建基地，支援塘沽，保持海口。派联勤部工兵署署长到北平、天津、塘沽间，设计"阵地网"。

傅作义决定坚踞平津、保持海口的策略，得到了陈长捷的支持，他向傅作义分析道：

"最可顾虑的是东北解放军的入关。但估计经一席大会战后，需要一段时间的休整，从战争史看，都得3个月以后才能进行另一次会战。现在东北解放军要消化辽沈大战的战果，从事扩展，需要

半年才能大举行动。当此隆冬严寒，难作远程行军，预计到明春化冻后，华北将会有一场大会战。"

作了一番分析之后，陈长捷又向傅作义献计道：

"东北解放军进关至多为 50 万人左右。因此，在量上要争取平衡，急速扩军；应即接受美械，在三四个月时间内，扩军 20 万左右，以应付明春的决战。"

这时，傅作义的腹案已经成熟，他决定放弃张垣，逐步转移主力到津、塘（沽）、芦（台）、唐（山）近海方面来。实行打得赢就打，打不赢就从海上跑的战法。这本是共产党发明的战法，现在傅作义又拿来对付共产党了。接着，他调兵遣将，安顿家属，作出了相应部署。

敌人总是对人民的力量估计过低，陈长捷也是如此，他既对东北解放军的猛进入关蒙在鼓里，而自己又十分狂妄。很快，傅系老本第 35 军覆没于新保安、怀来间，天津附近驻军被傅作义调动一空，天津市只余第 92 军一个待整补的残师和新编的净是强征街道居民编成、还不会操枪的所谓警备旅，又两营宪兵、5 个市公安局所属的保安大队。

这时，陈长捷才真的有了危机感。

12 月 12 日夜，寒风阵阵，冷月高悬。

在警备司令部里，陈长捷正和天津防守区副司令秋宗鼎交谈：

"总部为何不让各部队安定下来，争取大冻结前完成要点阵地网工事，反而急调大军西去，对摸不着的解放军作非必要的局部会战。"

正难为解释中，总部参谋长李世杰来电话说：

"据空军情报，有解放军一大纵队——很大的，已到宝坻，向天津方面行动中。傅总司令传令叫你紧急布防。"

陈长捷对傅作义把天津附近部队调走多少有些不满，便不高兴地问道：

"用什么部队布防？"

"急抓吧！现从南口调第 62 军当夜火速急运去津。"

此时，除了以警备部队警戒市的东北区、城防线外，陈长捷已无兵可调了。

12 月 18 日，国防部参谋次长李及兰和总统府参军罗泽恺等人乘飞机到了天津，住在天津市市长杜建时家里，携来蒋介石亲笔信件，是分别写给傅作义、李文（第 4 兵团司令）、侯镜如（第 17 兵团司令）、陈长捷（天津警备司令部司令）和华北各军长等人的，信中内容大意是：

东北沦陷，华北垂危，此次战役，关系党国之存亡，务本精诚团结意志，服从傅总司令指挥，统一行动……

陈长捷、杜建时、林伟俦等同李及兰、罗泽恺见面。李及兰忙于打电话到北平和傅作义讲话，问北平飞机场是否可以降落，因城外机场已被人民解放军攻占，城内机场尚未修筑完成，准备明天空投蒋介石写给傅作义、李文等的亲笔信。

电话接通，李及兰在电话中对傅作义说：

"老头子（指蒋介石）有亲笔信和公事给你，收到时回一个电报，空投地点请铺上白布十字的记号。"

接着，李及兰问陈长捷等人：

"傅先生（指傅作义）为什么还不到天津来呢？"

罗泽恺也说：

"华北战事败局已成，应尽快从出海口将部队运出……"

"老头子有计划要傅总司令到天津来，把华北部队主力集中在天津和塘沽，南调部队要多少船，就有多少船，是不成问题的。"李及兰又说。

陈长捷并不发言，只是立即拿出地图来看。

林伟俦是蒋介石的嫡系，对蒋介石当然言听计从，他知道傅作义固守平津的决心，立即表态说：

"现在天津和塘沽的公路、铁路、水路都通行，可以立即行动到塘沽，准备南撤，大家分开走公路和铁路。"

陈长捷忠于傅作义，立即表示不同意：

"天津做了这么多碉堡工事，是可以守的，如果现在部队一撤，整个天津就乱了，我们的行动还要请示傅先生才能决定。"

李及兰叫接通塘沽电话，请守塘沽司令侯镜如来天津商量。谁知侯镜如也不太同意立即就从海上撤退，就回电话说：

"目前正在塘沽督促加紧做工事，事情很多，离不开塘沽。"

这样，蒋介石从海上撤退的设想就被搁置了起来。

解放天津、塘沽

1月11日拂晓，曙色朦胧，西郊城防线前，国民党守军发现一个身穿军服的人，站在高土堆上，说是解放军通信员带来信件。那个通信员到达第62军军部，交出了东北野战军司令员林彪亲笔签名写给陈长捷、林伟俦、刘云瀚等3人的一封信。大意是：

辽沈战役取得胜利后，解放军百万大军已经进关，劝告你们放下武器，不得破坏工商业。

第62军军长林伟俦立即持函找第86军军长刘云瀚商量，随即去见陈长捷。陈长捷看信后，马上电召杜建时（天津市市长）去共同商量。杜建时将信细看一遍，然后问大家有何意见，4人互相望望，均沉默无言。由于大家以前彼此都不相识，互不交心，谁都不敢说出内心实话，谁也不肯带头作具体主张。

杜建时知道大家在一起难以互相交心，就先请陈长捷到一个房间里，问陈长捷如何打算。陈长捷叹了口气，两手一摊，说：

"我让他们打，谁不打就不行。我让他们降，他们不降我就毫无办法。还是等待北平和平谈判成功，一起行动吧。"

杜建时又请林伟俦、刘云瀚到另一房间内，问林伟俦、刘云瀚如何打算。林伟俦、刘云瀚均说：

"陈是司令，要他说话，我们不能领头。"

林伟俦、刘云瀚又问杜建时：

"刚才陈对你如何表示？"

杜建时如实告诉他们：

"陈司令的意见想等待北平和谈成功，一起行动。"

林伟俦是蒋介石很看重的亲信，立即表示反对：

"我们受委员长培养多年，岂能降共！"

杜建时又问他们：

"敌人发动总攻，你们能顶多久？"

林伟俦颇为自信：

"一个星期没问题。"

还是刘云瀚实际些：

"一个星期怕顶不了。"

杜建时呢，也认为自己受蒋介石培养多年，还让当了市长，不能反他，也不便出头，北平已在"和谈"，同意陈长捷的意见，等待北平傅作义主持全局的动向。但是杜建时担心解放军一旦发动总

向纵深发展

攻，天津难以固守，于是就让陈长捷打电话给傅作义总部，追问北平和谈发展如何？得到参谋长李世杰的回答，还是那句"坚定守住，就有办法"。大家经过简短商量，都同意坚持据守，等待北平的和谈。为了拖延时间，便给解放军平津前线总部复了一封模棱两可的回信。信中说：

被俘的天津警备司令部司令陈长捷

"武器是军人第二生命，放下武器是军人之耻。如果共谋和平解决，请派代表进城商谈。"

复信仍由原送信人带回。

和平解决的道路已被陈长捷、杜建时等人封死，解放军只有武力攻城，解放天津了。

于是，随着天津前线司令部刘亚楼司令员一声令下，1949年1月14日10时，我东北野战军第1、第2、第7、第8、第9纵队和第6、第12

解放军攻入国民党军天津警备司令部

纵队各1个师与特种兵共22个师，34万大军发起了对天津守军的总攻。千门大炮首先"发言"，连续40分钟天崩地裂的炮轰，敌主要防御工事被摧毁。紧接着，我大部队进行突击。战至15日15时，激战29个小时，全歼守敌13万人，俘天津警备司令部司令陈长捷。17日，塘沽守军第17兵团部及第87军等5个师5万余人乘

船南逃，其后尾 3000 余人被追歼，塘沽解放。

津塘既克，北平守军 25 万人便愈加孤立，陷入了人民解放军的重重包围之中。

解放军官兵攻打天津

八、和平，并非易事

南京，将军智骗总统

1948 年 11 月 4 日，北平南苑军用机场。一架美制"空中堡垒"号飞机，呼啸着飞向蓝天。

飞机上，载的是华北"剿总"总司令傅作义，他是奉蒋介石之命飞赴南京参加高级军事会议的。面对风雨飘摇的形势，蒋介石想抓住傅作义部的力量以挽救残局，因此，对傅作义的优礼有加。当傅作义的座机徐徐降落在南京明故宫空军机场时，蒋介石派他的儿子蒋经国和何应钦到机场迎接，并一同乘车驰向下榻处。

傅作义到下榻处后，休息片刻，何应钦就在傅作义的住处和他密谈起来。何应钦说，他是奉蒋委员长之命，来转达两件事：一是委员长已内定，调傅任东南军政长官，所有军队完全归傅指挥，华北的部队完全南撤，撤退华北部队的船只，已经准备就绪，听候调用；二是在上一条的前提下，请傅作义在下午召开的军事会议上就要讨论的作战方案，提出自己的积极意见。

傅作义，字宜生，山西临猗人。1895 年出生在一个农民家庭。青年时代，在"整军经武、救亡图存"的思潮影响下，他步入了戎马生涯。1918 年他从保定陆军军官学校毕业后，在阎锡山的晋军

系统任职，参加过北伐战争，阎、冯反蒋战争，抗日战争。1939
年脱离阎锡山部队到第八战区任副司令长官，后任第十二战区司令
长官，率部参加过忻口、太原、五原等战役，打击日军。1947 年，
在华北战场上，自清风店、石家庄两个战役之后，华北国民党军队
的力量受到人民解放军的严重打击，蒋介石为扭转战局，决定撤销
保定、张垣两个绥靖公署，成立华北"剿匪"司令部，任命傅作义
为总司令。把挽救华北颓势的希望寄托在傅作义身上。1947 年 12
月 6 日，傅作义在张垣，不久迁来北平，统揽华北五省军事指挥
大权。

在国民党统治大厦将倾的形势下，傅作义对蒋介石这种安排是
不能不认真思虑的。傅作义不是蒋介石的嫡系，他对蒋介石排斥异
己的做法极为不满，相互之间矛盾较深，随着傅作义嫡系部队的发
展，蒋介石对傅作义存有戒心，利用分割、调动等手段，借以削弱
傅作义的军事实力，并千方百计地在傅作义周围安插亲信、特务，
企图对傅作义实行监视、控制。到 1948 年下半年，蒋介石企图抓
住傅作义的力量，控制华北，以挽救残局。傅作义看到蒋介石日暮
途穷，失败的命运不可挽回，在内心上对蒋介石已经失望。对蒋介
石采取的一些军事部署消极应付，甚至唱反调，二人矛盾进一步加
剧。1948 年 10 月，人民解放军对锦州发起进攻，蒋介石慌忙飞到
北平策划援锦，打算调用傅作义的主力，并命傅作义去指挥援锦战
役。傅作义则以自己资浅能鲜、不堪重任，以只有委座亲自指挥才
能奏效为由拒绝。蒋介石只好亲自指挥并调用自己的嫡系部队援
锦。同时，傅作义为表示顾全大局，把气焰嚣张的蒋嫡系青年军
208 师由北平调往唐山，这样达到了一石二鸟的目的：一则应付了
蒋介石，二则清除了异己力量。傅作义清楚，山穷水尽的蒋介石此
时要他将部队南撤，并要委以东南军政长官，是想把华北国民党军
队掌握在他自己的手中，以挽救摇摇欲坠的蒋家王朝。

当天下午，在国防部会议室召开高级军事会议。

国防部作的战况报告显得十分低调，东北丢失，华北临危，徐州告急，悲观失望的情绪充满会场。会后，蒋介石邀请军政大员们到他那里吃晚饭。饭后，谈平津问题。何应钦先谈，他按照蒋介石的意图，力主撤退平津兵力，全部南下；若不行，就部分撤到绥远，部分南下。傅作义听着何应钦的发言，不禁皱起眉头。蒋介石看傅作义神色不好，就问他有何意见时，傅作义连说："很困难！很困难！"

傅作义如此表态，蒋介石知道不会有什么结果，只好说："好了，今晚回去想想，明天再谈!"

第二天，蒋介石邀请傅作义到他的官邸，举行小型高级秘密会议。这里，三步一岗、五步一哨，戒备森严。傅作义明白，今天的表态若合蒋意，他还能平安回去；若不合蒋意，就会被扣留下来。会上，蒋介石先把陈诚、熊式辉大骂一通："娘希匹，陈诚、熊式辉只知争官夺权，无啥真本事，把整个东北都丢了。"蒋介石把丢失东北的责任完全推在陈诚、熊式辉二人身上后，接着就像变鬼脸一样，完全换了另一副面孔，对傅作义倍加慰勉，随即又把要傅作义南撤的事说了一遍，半是将军半是鼓励地对傅作义说："我相信你决不会辜负我的重托。"傅作义与蒋介石打交道几十年，对蒋介石的了解可说是入骨三分。心想，此时此地不能采取断然拒绝南撤的态度，否则，就有被蒋介石扣留的危险，对速返北平，掌握局势有所不利。于是，在讨论作战方案时，傅作义完全以主战姿态发言："对于扭转华北的危局，我认为还有办法可想，整个华北尚有大军60万，能战能守，我军应固守平、津、塘，依海作战。南撤方案，非万不得已不宜实行，因为坚守华北是全局，退守东南是偏安。"

傅作义的发言慷慨激昂，对于对时局本来就存有幻想的蒋介石，无疑是注射了一支强心剂，蒋介石对傅作义坚守平津，支撑华北十分赞赏，当即表示尊重傅作义的意见。会议一结束，傅作义即

直奔机场，飞返北平。

傅作义回到北平后，就开始拨打起自己的算盘来，他估计东北解放军在辽沈战役结束后必然进行休整，至少要3个月以后才能入关再图大举。如能抓住这个时机，把华北国民党军队扩充到100万人，对自己今后的前途更为有利。待东北大军入关时，平津能守即守，能谈即谈，就以百万军队作后盾，与共产党成立联合政府，在华北和共产党平分秋色，搞成一对一的平局地位。到那时，军队交给联合政府指挥，自己的地盘，军队都能保存下来，在政治上既能说得过去，部下也能接受。如果联合政府搞不成，平津守不住，再伺机西逃绥远老窝，或者在不得已的时候南撤。

与此同时，傅作义也拟好了与中共言和的电文。电文的内容是表明要求和谈，不愿再打内战，为了国家和平统一，请求共产党派南汉宸来谈判，并表示对过去幻想以蒋介石为中心来挽救国家于危亡，拯救人民于水火之中的做法，已经认识到是彻底错误的了。今后决定要以毛主席和共产党为中心来达到救国救民的目的。此电由傅作义口述给其女儿傅冬菊（系中共地下党员），通过北平地下党的电台，在1948年11月上旬发出。但未获回音。于是，傅作义指令其亲信，以各种形式，通过各种渠道，谋求与中共的和谈。

11月18日，彭泽湘（中共早期党员，后自行脱党）、符定一（毛泽东在湖南上学时的老师）带着傅作义主张搞成华北联合政府，军队归联合政府指挥的意图，到石家庄找中共接洽。

傅作义有上述转变，除了形势所迫外，在很大程度上归功于中共地下党员的积极工作。

北平，女儿试探父亲

北平是个具有光荣革命斗争传统的城市，长时期以来，北平人民在中国共产党的领导下，前仆后继，英勇斗争。

1945年9月，在中共晋察冀中央局领导下，建立了中共北平市委，刘仁为书记，武光为副书记兼组织部部长，周小舟为宣传部部长。市委下设学委（学生工作委员会）、工委（工人工作委员会）、平委（平民工作委员会）、铁委（铁路工作委员会）、文委（文化工作委员会）等地下党的领导机构。领导各条战线逐步开展地下斗争。不久，因形势的发展，北平市委撤销。5个委员会全部直接由中共晋察冀中央局城市工作部（简称城工部）领导。城工部设在河北沧县南泊镇，对外挂牌子为永茂公司，以作掩护。北平地下党在城工部的领导下，根据中共中央"隐蔽精干、长期埋伏、积蓄力量、以待时机"的地下工作方针，到1948年北平解放前夕，已发展地下党员约3000人，党的外围秘密组织"民青"（民主青年同盟）、"民联"（民主青年联盟）约5000人。他们采取各种组织形式，广泛开展统一战线工作，在大力开展学生、工人工作的同时，积极争取各阶层爱国人士的同情和支持，斗争越来越广泛、深入。在工厂、学校、报社、铁路局、电信局，以至国民党党、政、军、警、宪、特等机关，到处都有地下党员积极开展各种活动，组织反蒋斗争。

1948年春的一天，在北平以"荣军中校"身份负责敌军工作的王甦（苏），奉命到解放区的泊镇城工部接受新的任务，城工部部长刘仁亲自接见了他，在场的还有一位女青年。经刘仁介绍，她叫曾常宁，天津市南开大学哲学系学生，中共地下党员。刘仁介绍他们二人相识后，即交给王甦（苏）一项任务：通过曾常宁做她父亲曾延毅的工作，再通过曾延毅做傅作义的工作。

原来，曾延毅不但和傅作义是保定军校的同学，还是结拜兄弟。1927年曾任晋军炮兵第4团团长，同傅作义一起守过涿州，有患难之交。1928年至1930年傅作义任天津警备司令期间，曾延毅任天津市公安局局长；傅作义任第35军军长时，曾延毅先任218旅旅长，后为中将副军长。自抗日战争初期的太原保卫战后，曾延

毅便脱离戎马，来天津赋闲。王甦（苏）与曾常宁在泊镇分手时，曾常宁把她家的住址交给了王甦（苏）。过了几天，曾常宁告知王甦（苏），她已同父亲讲好，说"有个中共朋友要见见"，她父亲欣然应允。

此后，王甦（苏）每月都去天津会见曾延毅一两次，纵论国内时局。谈得相当投机，王甦（苏）便劝曾延毅到北平向傅作义要个军长当，有了兵权，事情就好办了。曾延毅思想开明，果然为此专程去北平会见傅作义，结果傅作义只答应给个华北"剿总"副总司令的虚衔，曾延毅败兴而归。但此刻曾延毅并未灰心，他对王甦（苏）表示，他不能直接做傅作义的工作，可以做刘厚同的工作，通过刘厚同做傅作义的工作。刘厚同又是何许人呢？原来，刘厚同是一位辛亥革命的老前辈，担任过甘肃军政部长兼总招讨使，著有《孙子注释》，有军事学识，也有政治眼光。同时，他还是傅作义和曾延毅的老师，同傅作义关系尤深。1928年傅作义单枪匹马能够在奉军撤退时出任天津警备司令，蒋、冯、阎大战阎锡山战败后傅作义得以出任绥远省主席，以及傅作义能脱离阎锡山转向蒋介石，都是刘厚同出谋策划的；抗日战争爆发前，傅作义军的百灵庙大战，也是刘厚同帮助运筹帷幄的。刘厚同也历来是傅作义的出谋策划人，傅作义对刘厚同也历来是言听计从。现在刘厚同仍是傅作义的高级政治顾问，头衔是华北"剿总"中将总参议。因为刘厚同就住在天津，同曾延毅常有往来，所以曾延毅向王甦（苏）做了上述表示。后来，刘厚同果然到了北平，这里自然有曾延毅的工作；同时，还有另外的原因，那就是：刘仁也知道刘厚同跟傅作义的关系，而且非常重视这个工作关系。刘厚同的女儿刘杭生，在天津耀华中学读书，是党的外围组织民主青年联盟盟员。刘仁便命天津地下党带刘杭生去泊镇城工部，亲自嘱她做好父亲的工作，并通过她父亲去做傅作义的工作。

然而，第一个向傅作义试探和平解放北平的却是中共地下党

员、华北学院教授兼政治主任杜任之。杜任之早年留学德国，是知名学者，担任过共产国际第三国际的通讯员，跟傅作义是同乡。杜任之、傅作义之间从 1934 年起便开始交往。当时，杜任之联合在太原的一些革命者，组织了一个以介绍国外左派报刊的各种论著为宗旨的"中外语文学会"，聘请傅作义担任名誉副会长；后杜任之又推荐该会干事、他的学生、傅作义的同乡阎又文给傅作义当秘书；推荐留日学医的胞弟杜敬之给傅作义当军医。傅作义的许多进步行动，如绥东抗日、保卫太原等，都得到杜任之的大力支援；抗战时期，应傅作义的要求，杜任之还经过中共党组织，介绍过一批政工人员去傅作义部工作。1946 年傅作义侵占张家口以后，曾通电全国，说什么如共产党能胜利，傅某甘愿为其执鞭。杜任之得知，立即写信给阎又文并转告傅作义："该电措词狂妄，执鞭之说可能实现，且看战局的演变吧。"那时傅作义自然不予理睬的。

杜任之本来任山西大学教授兼法学院院长，因在太原有被阎锡山逮捕的危险，特借故于 1948 年 7 月来到北平，一来求得傅作义的保护，二来想做傅作义的工作。杜任之得到傅作义的安全保护并接受了到华北学院任教的邀请之后，便开始同北平地下党联系。通过许多周折，于 8 月初会见了北平学委委员兼秘书长崔月梨。此后他便在崔月梨的直接领导下，在北平文化教育界展开活动，并着重进行和平解放北平的工作。

1948 年 9 月济南解放，杜任之想趁此机会试探傅作义的态度。

杜任之问傅作义："蒋介石寄希望于美苏战争的幻想该破灭了；宋美龄亲自到美国求援，美国朝野上下都以冷眼相待。人民解放军打下济南，已进入全面夺取城市的阶段。济南的解放，吴化文与解放军合作起了很大的作用。你对战争发展前途如何看法？"

傅作义信心十足地说："济南一城一地的得失，还不能决定战局；东北各大城市，除四平以外都在国军手里；华北除石家庄以外，大城市也都在国军手里，我现在就控制着战局。"

杜任之一听话不投机，无法深谈，只好告辞，回到住处。此时，杜任之的胞弟杜敬之，任傅作义总部参事兼惠民医院院长，他建议杜任之去傅作义总部联谊处即高级招待所，找刘厚同谈谈，请刘厚同劝傅作义。杜任之跟刘厚同谈过几次，二人见解基本一致，即把北平地下党负责人崔月梨作为自己的朋友，介绍给刘厚同，此后他们三人便经常磋商，为促傅作义和谈而工作。北平和平解放后，刘厚同被赞为"和平老人"载誉返回天津，这当是后话。

1948 年 11 月初，城工部部长刘仁急召北平地下党学生工作委员会书记佘涤清到河北泊镇城工部，说明当前形势，作了重要指示。刘仁指出："根据目前形势，党中央决定解放北平。傅作义在兵临城下陷于绝境的情况下，有通过和平谈判解放北平的可能。党中央决定与傅作义和谈，如果谈判解放不了，就武力解决，过了元旦进攻北平，主要靠解放军打，不搞里应外合，你们要为解放北平立即进行准备工作。主要任务是：对人民大力宣传目前形势和党的政策，使他们了解我党的政策而拥护解放军的来临；尽可能多的留下知识分子、技术人员等有用人才；发动群众保存文书档案和物资财产，护厂护校，保护文化古迹，迎接解放；了解各方面情况，以使我军进城后能迅速建立革命秩序，管理城市。"同时，刘仁还就成立迎接北平解放指挥部及指挥部的成员作了指示。

刘仁用了 2 个小时作了部署后，佘涤清马上返回北平，立即召集学生工作委员会（简称学委）、工人工作委员会（简称工委）、铁路工作委员会（简称铁委）、平民工作委员会（简称平委）的负责人开会，传达刘仁的工作部署，打通各委员会之间的关系（各委员会原不允许有横的关系），成立了统一的迎接北平解放指挥部。指挥部总负责人为佘涤清。会上研究商定了迎接解放的各项具体任务，由各委员会按各自系统分别下达落实。会后，北平的 3000 名地下党员，5000 名地下盟员（民主青年同盟、民主青年联盟及其他党的外围组织）以及众多的积极分子迅速行动起来，这支强有力

的地下大军，通过他们的各种关系，发动和团结更多的各界群众，积极投入到迎接北平解放的斗争中。按照党的统一部署，各方面工作有组织有计划地开展起来。

担任北平地下学委秘书长的崔月梨，分工上层统战工作。他亲自出面做刘厚同的工作，与刘厚同保持较长时间的接触，每星期都要见两次面。杜任之知道打通傅作义的思想不是那么容易的，就让已任傅作义政工处副处长的阎又文也帮助做傅作义的工作。为了掩护这项工作，城工部提供专项活动经费，让地下党员刘学周、吴哲之等在北平崇文门外兴隆四十八号开设"晋丰行栈"，吴哲之为董事长，刘学周任总经理，提供交往场所。经过刘厚同的介绍，地下党的同志又先后结识了傅作义的长兄傅作仁，第35军副军长丁宗宪，傅部党政军总监部总监、国民党河北省主席楚溪春等傅作义亲近的人。这样，在傅作义的周围，就逐渐形成了一个趋向和平解放的氛围。

面对华北局势，傅作义再次征询刘厚同对时局的见解，刘厚同趁机说："总司令！国共军政形势发展到今天，我早已料到了。我说过，政治是军事的根本，未有政治不修明而军事能得胜利的。南京政府政治腐败，军政官吏贪污腐化，蒋介石的所作所为实在不合乎人心，不顺乎潮流，南京政府恐怕维持不了一年半载啦。"

傅作义认真地听着老师的分析，谦虚地问道："依老师之见呢？"刘厚同劝他："现在平津陷入重围，南下已出不去，平绥路又被切断，打回绥远去也不可能。时至今日，万不可三心二意，胡思乱想了，还是顺应人心，当机立断，设法同中共疏通渠道，进行和谈为是。"

刘厚同还针对傅作义打算依靠空援，固守北平，与城共存亡的想法，劝说傅作义："不能将文化古都毁在你傅宜生的手里，解放军遍地而来，城是守不住的，蒋介石自顾不暇，哪有力量支援你。现在与中共和谈的资本虽远不如过去，但和谈一成，北平免遭战火

破坏，城内军民生命财产得以保全，是深得人心的。共产党说话是算数的，政策也很明确，高树勋起义后得到重用就是一个例证，你只要能接受和平起义，共产党是不会亏待你的，北平只有和平解决，才有光明前途。"

这时，城工部指示北平学委出面代表共产党正式与傅作义方面谈判。北平学委经过慎重研究确定，根据傅作义目前的处境和态度，决定使用和谈中的"王牌"——傅冬菊，由傅冬菊正式出面试探傅作义的反映。傅冬菊是傅作义的长女，中共地下党员，在天津《大公报》社做记者工作。南系学委负责人王汉斌将她同其爱人中共地下党员周毅之调来北平，留在傅作义身边，一则做傅作义的工作，二则尽女儿孝敬之道。北平迎接解放指挥部总负责人余涤清亲自找傅冬菊谈话，告诉她："现在解放战争形势发展很快，你父亲有接受和谈的可能，希望他放下武器，与共产党合作，和平解放北平。"

傅冬菊当即决定去找父亲，转达中共党组织的意图。傅作义宦海沉浮几十年，做事向来谨慎，他生怕是"军统"特务通过他的女儿套他，于是问傅冬菊："是真共产党还是'军统'？你可别上当！要遇上假共产党那就麻烦了。"

傅冬菊很认真地说："爸，你还信不过我。是我们同学，是真共产党，不是'军统'。"傅作义又问："是毛泽东派来的还是聂荣臻派来的？"

傅冬菊一时答不出，又去问余涤清如何回答。余涤清明确告诉傅冬菊："就说是毛泽东派来的。"傅作义表示可以考虑。这是一次由傅作义的女儿傅冬菊完成的、试探性的正式接触。之后，傅冬菊根据地下党组织的布置，就留在傅作义的身边。女儿的到来，给了傅作义很大的安慰。在军事上节节失利，坐困愁城之时，他唯一的慰藉，便是享受和女儿在一起的天伦之乐。傅冬菊根据党组织的安排，仍然对父亲保守着自己是中共地下党员的秘密，只是以进步青

年的面目出现。当然，阅历丰富的父亲对女儿此时的到来不可能没有一点儿察觉。傅冬菊一边从生活上照顾父亲，一边劝说父亲不要跟蒋介石走，了解掌握父亲各方面的动态，并及时反映到地下党组织。傅作义的神态、言谈、情绪变化，傅冬菊都通过周毅之，每天向王汉斌和崔月梨等汇报。然后，地下党组织又把这些及时写成电文，通过地下电台，直接报告刘仁，由刘仁及时转给平津前线指挥部。华北"剿总"总司令的女儿是共产党员，又反过来做父亲的策反工作，这是局外人怎么也难以想到的。这在我党地下工作史中，也是颇具传奇色彩的佳话。这样迅速、准确地了解到傅作义的动态、情绪变化，对中央、军委和平津战役总前委作出正确的判断，定下正确的决心，进行正确的部署，起了重要作用。

条条红线，伸进傅作义的部队

北平地下党在安排傅冬菊做傅作义工作的同时，又派李炳泉通过他的堂兄李腾九去做傅作义的工作。李炳泉原是西南联合大学的学生，1940年入党，抗日战争胜利后来到北平，后来在傅作义办的《平明日报》当记者，不久又升任为采访部主任。李腾九是傅作义的少将联络处长，高级幕僚。一直追随傅作义，共事数十年，甘苦与共，对傅作义的思想、言行了解颇深，李炳泉先把李腾九的思想做通后，又让李腾九去同傅作义谈。在傅作义异常苦闷之时，李腾九相机几次向傅作义进言，劝傅作义与共产党进行和平谈判。条条红线，伸进傅作义的各个部队，在做傅作义工作的同时，中共地下党组织也在积极做着傅部部队的工作。一些部队并有了起义的打算。

1948年底，国民党第92军在地下党策动下曾决定起义。早在1947年8月，北平地下党和中小学教员工作委员会书记薛成业，便与国民党第92军军需副官李介人建立了关系，李介人是第92军军

长侯镜如的外甥。李介人去解放区学习时，刘仁嘱他做侯镜如的工作。1948 年 10 月，侯镜如任国民党军第 17 兵团司令官（司令部设在塘沽），把第 92 军军长职务交给了他的挚友黄翔。辽沈战役期间，第 92 军 3 个师调北平，侯镜如的连襟第 17 兵团参谋长张伯权调第 92 军任第 21 师师长。

有一天，李介人突然通知第 92 军第 21 师师长张伯权，说韩子立的一位好友，邀张伯权到前园恩寺侯镜如家里见面。这究竟是怎么回事呢？局外人是不可能理解的，但张伯权一听，一切都明白了。原来，张伯权不仅知道李介人是中共地下党员，而且也知道侯镜如在大革命时期参加了共产党，南昌起义时任贺龙部的教导团团长，后来在河南搞兵运工作时被捕，跟中共党员安子文同住一牢，出狱后同共产党的组织失掉了联系，从此便委身于国民党军队之中。前些时间，安子文曾投侯镜如一信，大意是：周恩来、贺龙都很关心你，希望你能有所作为。送信人就是上面提到的韩子立。韩子立的好友，自然是中共地下人员了。因而张伯权欣然赴约，会见的是一位地下党员卞立中。卞立中首先分析了战局，然后指明了蒋军的出路，张伯权决定举行起义。随后，李介人又偕同张伯权来到王府井梯子胡同第 92 军军长黄翔的家。

"现在北平已经被围，形势这样危急，军长有什么打算？"李介人首先问。

"除了当俘虏或者战死以外，还能有什么打算？"机警的黄将军接着反问了一句："你们有什么打算？"

李介人说明来意，黄翔一拍即合，因为黄翔知道李介人、张伯权同侯镜如的关系；而黄翔得以接任第 92 军军长正是侯镜如力举的结果，侯镜如对黄翔有知遇之恩，更不用说黄翔对国共两党战争的结局早有看法。随后，北平地下党又派薛成业（卞立中本名）来到张伯权司令部；张伯权委薛成业以参谋之职作掩护。

薛成业通过李介人与张伯权会谈，张伯权表示如我军攻城，他

的第 21 师可以让开路，让解放军进入他们防区。薛成业将这一情况用地下电台向刘仁汇报请示后，刘仁电示要第 92 军派 1 名全权代表到我军前线司令部谈判。李介人用无线电话征得侯镜如同意，说第 92 军的事情由李介人与黄翔军长、张伯权师长商量办。李介人、张伯权立即找黄翔说明侯镜如的这一意图，黄成业表示愿意起义，并同意派第 21 师参谋长宋铨夏去我军前线司令部谈判。同时，第 92 军副军长刘儒林也大力支持这一行动。

12 月 14 日，我地下工作人员季鸿陪同宋铨夏、李介人从北平出发，第二天便来到东北野战军第 1 兵团司令部，肖劲光司令员接见了他们，一起详细研究了行动计划。第 92 军 3 个师部署在从西直门、永定门到左安门一带，主力部署在永定门外。宋铨夏请肖劲光司令员酌定有关起义事宜，肖劲光说："我军可以从北平南郊直插永定门。战斗打响后，贵军可往西南房山方向撤出，现在按兵不动，具体行动时间，由我方及时与贵军联系。"

肖劲光司令员还吩咐，万一第 92 军起义的事暴露，黄军长、张师长可立即将部队带至解放军控制地区。当夜，宋铨夏便回到了北平。

国民党第 92 军按照我军的要求，积极进行起义准备工作。1949 年 1 月下旬，我党与傅作义和谈成功，北平宣布和平解放。根据上级指示，取消第 92 军单独起义计划，而与傅作义部队一道接受改编。

驻在北平的国民党军铁甲总队，下设 3 个大队（1、2、4 大队），担任前门、永定门、广安门、西直门一带的防卫。1 大队队长于维哲，东北讲武堂第 8 期毕业，1935 年任东北军何柱国的第 57 军第 109 师通讯连连长。1935 年 11 月直罗镇战役中被红军俘虏，送到瓦窑堡"白军军官训练班"学习。学习期间秘密参加了中国共产党，又被派回东北军从事地下工作。后来同党失去了联系，平津战役期间，到处找党的关系，经过许多周折辗转找到了学委的

魏焉同志。于是，崔月梨便着王甦（苏）和魏焉一起出面，跟于维哲联系。他们商谈的结果是，一旦解放军攻城，铁甲车1大队就从前门车站攻向永定门，接应解放军进城；同时，以火力封锁东单的临时机场，防止达官贵人们逃走。于维哲还可联系4大队及2大队各一个中队，一起参加起义。此外，还谈好把地下党员马骥安插在铁甲车1大队工作，以便联络。

不久，崔月梨又给王甦（苏）一项任务，要王甦（苏）去接触一位国民党军的师长。这位师长的亲戚是中校军需官，这位军需官的侄子是清华大学学生、民主青年联盟盟员。显然，工作是从民联盟员这里开始的，最后，又由军需官出面，要求见地下党的负责人。军需官约好请王甦（苏）在王府井一家广东饭馆会面。俩人相见，几句客套话说过，军需官便提出："我们师长委托我和地下党联系，如果起义，能否保证生命财产安全？"

"能。"

"愿意见见我们师长吗？"

"可以。"

军需官打了个电话，师长便派车将他俩人接到沙滩附近师长的公馆。

"你打算怎么办？"王甦（苏）开门见山地问师长。

"我是蒋先生的学生，不能对不起他；但我也不想抵抗解放军的进攻。你们能保证我们生命财产的安全吗？"

王甦（苏）郑重表示："我们共产党的政策是一贯的，只要投诚起义，一定保证生命财产的安全。"

最后双方议定，我军发起总攻时，他把全师军官召集到一起开会，使我军和平通过他的防区进入北平城。这就是，既不投降，以对得起"蒋先生"；又不抵抗，以对得起解放军，堪称是"两全其美"的办法了。

北平市企业公司经理冯杰宸，跟刘厚同及傅作义的一些高级将

领是同乡，又是知己之交。杜任之来北平后，冯杰宸与杜任之在刘厚同处相遇，俩人政治见解颇为一致，一见如故。以后，冯杰宸便直接协助杜任之通过刘厚同做傅作义的工作。一天，杜任之对冯杰宸说，是和是战是逃，傅作义举棋不定，我们得另外有所准备。接着便问冯杰宸："能不能冒险同丁宗宪联系?"丁宗宪是傅作义于新保安战役后新编成的第 35 军的副军长，同冯杰宸是老朋友。关于和平解放北平的问题，丁宗宪是赞同的。丁宗宪当时率部防守德胜门和安定门，假如和谈不成，丁宗宪率部起义，开门迎接我军，以收里应外合之效，岂不美哉? 这就是杜任之要冯杰宸冒险同丁宗宪联系的目的。冯杰宸置个人安危于度外，欣然受命，特邀丁宗宪在前门外山东饭庄吃饭，并由杜任之领导下的地下工作人员吴晟、刘学周俩人作陪。他们四人当场结拜为兄弟，填写了金兰谱，丁宪宗决定按冯杰宸的要求去做。一切都如愿以偿了。

北平东城北长街 81 号，住着华北"剿总"的中将参议池峰城。这位中将，原来是西北军冯玉祥将军的部下，蒋、冯、阎中原大战，冯、阎失败后，他随孙连仲投蒋，抗战期间任国民党军第 30军第 31 师师长，在台儿庄战役中立有战功，名噪一时。那时，第30 军归孙连仲的第 2 集团军建制，第 2 集团军归李宗仁的第 5 战区指挥。孙连仲升任第 6 战区司令长官时，池峰城又是该战区所属第30 军军长，孙连仲主持保定绥署的一段时间里，池峰城任保定警备司令。因而他同李宗仁，尤其同孙连仲，来往甚为密切。抗战胜利以后，李霄路由延安来晋察冀。刘仁得知军统北平特别站的情报科长李培基是李霄路的同学又是堂叔，于是便派李霄路负责北平军统特别站的工作。

李霄路来北平后，经冯玉祥将军的卫队长赵逸云介绍，就住在池峰城家。李培基的工作最终没有做成，但却通过池峰城了解了敌军不少军事情报。在刘仁两手准备的指示下，李霄路积极做池峰城的工作，让他劝说部下走和平起义的道路。这时，虽池峰城已不当

带兵官,但在抗战胜利后任职保定警备司令期间的旧部,仍有不少在北平军中,第 101 军尤多。为此,池峰城曾专门请他们到家赴宴,应邀者二三十人。席间,池峰城要他的部下在解放军攻城时加以配合,部下们纷纷表示:"我们听司令的!""我们惟司令之命是从!"

另外,王甦(苏)还做通了国民党军联合后勤司令部第 5 补给区副司令赵龙韬的工作,使他倾向我党,经常提供华北"剿总"系统后勤供应、兵力调运等情报。

12 月下旬,国民党军统北平站少将、站长徐宗尧也通过关系找到了地下党。王甦(苏)同他谈了话,转达了上级党对他提出的要求。他执行了保护档案、保护政治犯等任务,并把北平站及军统内部的情况向我方作了详细交代。解放后,北平市公安部门比较顺利地进行了反特斗争,可以说徐宗尧功劳不小。

从以上不完整的情况来看,可以断言:假使傅作义不接受和平改编而迫使我军不得不诉诸武力,北平的解放亦在弹指之间了。

试探军心,居仁堂里真戏假唱

人民解放军百万大军云集于北平周围,像铁箍一样,对北平城内的国民党军层层严密包围。傅作义欲战无力,欲逃无路,欲守无能,完全陷入绝境。2 个兵团部、8 个军、25 个师,共 25 余万人,被层层严密包围于北平城中。

坐困愁城的傅作义,何去何从,亟待抉择。因此,终日深思苦虑,忧心忡忡,常常彻夜不眠,独自绕室散步,或阶前廊下徘徊不定。

此时,傅作义顾虑最大的是,在北平城内归他指挥的蒋介石的嫡系军队近 10 倍于他的嫡系部队。和共产党求和,蒋嫡系部队不听指挥怎么办?他们会不会蠢动?和共产党和谈不仅要冒被中央军

讨逆的危险,而且处置稍一不慎,便会出大乱子,还有把北平文化古都打烂的危险。因此,能否把中央军稳住,是北平和谈的关键。

12月14日,人民解放军东北第5纵队攻占丰台,第11纵队攻占香山,傅作义率华北"剿总"总部在夜幕的掩护下,由西郊仓促转移到中南海。傅作义决定试一下各位指挥官的意图,以定下步行动。他在中南海居仁堂召集由各军军长、独立师长、兵团司令和总部处长以上参加的军事会议。会上,傅作义故意摆开守城的架势,试探大家的态度说:"共军先头已到西山,我在城外的部队,大都已撤回北平城内,几十万大军入城,应有一个适当的部署和作战方针,盼望各兵团司令、各兵种军师长,各抒己见,畅所欲言,集思广益,想出好办法来,打好这场保卫战。"

蒋介石的嫡系部队第9兵团司令石觉首先发言:"我们首先是在傅长官的统一领导下鼓舞士气,各尽所能,打好这场保卫北平大会战,我们决心破釜沉舟打好打胜这一仗。否则,对不起党国,对不起委员长。"

接着发言的是蒋介石的另一嫡系第4兵团司令李文:"我同意石司令的发言,我们要在傅总司令指挥下,精诚团结,拼命打好这场保卫战!"

第三个发言的是傅部军长安春山:"我过去和两位兵团司令是同样主张,军人带上军队就是打仗的,打仗就要打胜仗,打好仗。但我经过这几年打仗的经验,认为今天我们所处的形势,用打仗的办法已肯定不能解决任何问题。从日本投降就开始打仗,已经3年,打的结果怎样?八路军越打越强大,我们则越打越缩小,这就是3年打的结果,再打的前途怎样?我的军队,已经打完了,没有谈打的资格,再打就全靠各位了,要打必须出去打,北平不能打仗,人口太密,死伤的平民太多了,人民不愿打。单靠军队打,人民反对打就不胜。"

安春山还想说下去,傅作义却打断了他的发言说:"现在

休会!"

由于安春山的发言,会场一时议论纷纷。

傅作义把安春山叫到自己的办公室单独谈话,劈头就问:"你今天的发言是否代表共产党,来向我们劝降!"

安春山诚恳地回答说:"不是!绝对不是。我是为国家、为人民、为军队、更为你着想,说出我的心里话,供你决策参考!"

傅作义语气缓和下来,嘱咐他说:"你今天对我说实话是对的,但你今天说话的场合太冒险,如果李文、石觉他们当场提出安春山叛变,你叫我怎么处理?今天的会还要开下去,你要承认说错了,重新表示拥护主战,你明白吗?向共产党求和就是通敌,会有危险的!今天晚上咱们两个再详细研究。"

复会后,傅作义说:"方才安春山军长,由于怀来战败,有点泄气,说泄气话,文不对题,我感到他说的不对,在休会中我对他作了严厉的教训,他已认了错,不过他跟我多年,他的军队这次损失很大,回城后我们业已调整军旅为他补齐,他还是能打的。"

傅作义讲完后,安春山接上说:"我接受傅长官对我的申斥,我坚决拥护李文、石觉两位司令的发言,准备接受艰苦的重要任务,准备打下去,决不泄气。"

当天晚上,安春山避开外人,悄悄来到居仁堂,同傅作义密谈。当安春山谈到蒋介石肯定要完蛋,不能跟他一起完,应该找出路时,傅作义说:"当前形势只有求和是出路,走和平的路,也符合北平几百万老百姓的愿望,但要冒风险,有人会骂我们是降将,是国民党的叛徒,可能有人认为我们是叛徒而打死我们;也可能定我们为战犯,把我们关起来,所有这些风险我们都要承担。"

紧接着,傅作义又在居仁堂召集嫡系部队师长以上人员,秘密磋商求和问题。参加会议的有阎又文、刘春方、王建业、王克俊、赵树桥、朱大纯、安春山、孙英年、张树泉等。会上大家谈了对时局的看法后,傅作义说:"北平只有'和平'二字,你们跟我走

不走?"

多数表示支持和共产党和谈,只有个别反对和谈,主张背城一战。散会时,傅作义严肃地说:"此次会议严格保密,泄露求和机密者,军法处置!"

傅作义在设法与共产党沟通联系的同时,为了取得社会舆论对和平解决北平问题的支持,邀请了北平一些学者名流,征询他们的意见。

待人员到齐,傅作义说明邀集大家的来意后,著名国画大师徐悲鸿第一个站起来发言,他坚定有力地说:"北平是一座闻名于世界的文化古城,它在世界建筑艺术的宝库里也属罕见的。为了保护我国优秀的古代文化免遭破坏,也为了保护北平人民的生命和财产免受损失,我希望傅作义将军顾全大局,顺从民意,以使北平免于炮火的摧毁……"

著名历史学家杨人楩教授也发言说:"如果傅将军能顺从民意,采取和平行动,使北平免于炮火,我作为一个历史学家,对此义举,一定要大书特书。"

著名生物学家胡先啸、故宫博物院院长马衡、教授叶浅予等许多人都纷纷发言,热烈希望傅作义将军以北平人民的安全和保护古都文化胜迹为重,尽量争取早日和平解决北平问题。夜晚,傅作义回到中南海寓所,面对北平地图,望着那一幢幢著名古迹,几天来亲信们的意见,著名学者的慷慨陈言,又一幕幕在脑海里呈现,同时,他想起了北平这座古老城市近代奇特的历史。

1901年以来,北平(包括天津)曾经出现过一种奇特的现象:北方战争连年不断,而且多以北平为目标,但没有任何一支军队敢于在近郊作战,更不用说市区,因而北平始终是世外桃源。其间的战争,举其大者,有1917年的张勋复辟;1922年第一次直奉之战;1924年第二次直奉之战,以及同年冯玉祥等发动的北京政变;

1925 年冯玉祥的中华民国国民军与直鲁联军的杨村之战；1926 年
国民军与奉直两系及直鲁联军的南口大战；1928 年国民党北伐军
的困守涿州及同北洋军阀的总决战；1930 年的蒋、张与冯、阎的
大混战；1931 年东北军阀讨伐石友三之战，直到 1937 年神圣的抗
日战争在卢沟桥爆发。在长达 30 余年的时间里，大小战争数十次，
都只是发生在平津周围，而平津两市却能幸免于战争之难。这究竟
是什么原因呢？

其根本原因，是因为在半殖民地的中国，平津是重要的工业城
市，洋人在这里占据重要地位，各派大小军阀，都只是洋人的走
狗，所以不敢入城作战。这虽是国耻的标志，但客观上，保护了平
津的文物古迹和发达的工商业，也保护了平津人民的生命财产。

"著名古都一旦毁于我手，将成为千古罪人呀！"傅作义不停地
自言自语着。

九、北平，二十万国军开出城

决心和谈，傅作义派人出城

在东北野战军、华北野战军和地方部队百万大军沉重的军事打击下，在北平地下党的有力策动和社会进步舆论的要求下，出于保护历史名城、使北平百万居民免遭战火的责任，傅作义将军终于做出抉择，与共产党进行和谈。

1948年12月上旬，傅作义决定秘密地派代表出城谈判，便找联络处处长李腾九与共产党联系。通过李腾九的传话，北平地下党决定由李炳泉以共产党员的公开身份出面。李腾九告诉傅作义："李炳泉希望与总司令面谈，他作为正式的中共北平地下党代表，可以述明中共的政策和具体要求，我方也可以派代表随同李炳泉到解放区去，与中共方面有关领导直接会谈。"

傅作义当即要李腾九把李炳泉找来，他要直接同李炳泉会谈。李炳泉应约来到中南海傅作义的办公室。一见面，即开门见山地说："我是受中共北平地下党的派遣来见傅先生的，欢迎傅先生作出决断，进行和平谈判。"

傅作义问李炳泉："能否由崔载之代表我同你到解放区去见中共方面的领导？"

李炳泉肯定地回答:"可以一块去。"

傅作义当即决定由《平明日报》社社长兼总编辑崔载之作为他的代表,跟李炳泉一同出城与共产党商谈和平解决北平的问题,并命其政工处处长王克俊挑选可靠通讯人员作好出城安排。

12月上旬的一天,天刚蒙蒙亮,崔载之、李炳泉同报务员、译电员和司机共5人,携带一部电台,乘一辆吉普车,由王克俊把他们从广安门送出城去,秘密驶往河北平山,希望能见到中共负责人,谈判平、津、张、唐全线的和平解决问题。为了严格保密和确保安全,傅作义命李腾九称病住进医院治疗,与各方隔绝,专门与崔载之、李炳泉所携电台联络。

崔载之、李炳泉出城后不久,又折回来,向傅作义报告说:路上一再受阻,解放军部队要他们与平津前线司令部联系。

15日一早,王克俊又亲自把他们从西直门孙英年师的防地送了出去,行驶不久,便到达人民解放军东北野战军第11纵队的驻地。纵队司令员贺晋年、政委陈仁麒接待了他们,当他们讲明了来意后,贺晋年、陈仁麒立即把这一情况电报平津前线司令部。

平津前线司令部收到贺晋年、陈仁麒的电报后,一面转报中央军委,一面电令第11纵队将崔载之和李炳泉护送到平津前线司令部附近的村庄。

中共中央军委收悉平津前线司令部的电报后,十分重视,当即研究对策,并于第二天即16日16时给林彪、罗荣桓、刘亚楼发出电报,明确指示:对傅作义代表谈判内容以争取敌人放下武器为基本原则,等傅作义代表与你们接谈后,将谈话内容电告我们,再行考虑。

平津前线司令部确定由东北野战军参谋处长苏静负责接待傅方代表。为了不暴露平津前线司令部的具体地址,选择离平津前线司令部不远的八里庄作为与傅方代表谈判的地点。

16日下午,崔载之、李炳泉等在第11纵队一个班战士的护送

东北野战军司令部参谋处长苏静（左2）接待由李炳泉（左3）陪同出城谈判的崔载之（左1）

下，到达八里庄。

19日，平津前线司令部参谋长刘亚楼来到八里庄，与傅方代表崔载之进行谈判。刘亚楼在谈判中讲了从全国到平津战场的形势，阐明了共产党和平解决的态度和政策，并根据中共中央和平津前线司令部的意图，以争取敌人放下武器，解除武装为前提条件，并明确向傅方代表表示："我们不能同意傅作义提议的建立华北联合政府的主张，而是只能给傅作义留下两个军，把蒋系部队的军、师级头目逮捕起来，然后宣布起义。"显然，人民解放军方面的条件与傅方所提的和谈要求，距离很大。

会谈之后，崔载之即用电台向傅作义报告了同刘亚楼谈判的情况。傅作义很快回电说，城内中央军的兵力比他的部队多十几倍，逮捕蒋系部队军师两级军官没有把握，实施此方案很困难。这样，和谈问题就放了下来，没有获得任何结果。

战场上的胜败左右着傅作义对和谈的态度，为了打破傅作义依

靠自己的实力，建立所谓华北联合政府的幻想，按照毛泽东规定的"先打两头，后取中间"的攻击次序，人民解放军华北第2兵团于1948年12月21日发起了对新保安傅作义精锐第35军的攻击，9个小时就予全歼。

傅作义大半辈子从事军事生涯，主要靠第35军，对于自己多年苦心经营、培养训练出来的嫡系主力部队的迅速被歼，平绥线东段被占领，全盘计划落空，心情极端沉重，吃不下饭，睡不着觉，焦急万状，坐立不安，甚至自己打自己嘴巴。他常常自言自语地说："我的政治生命完了。"

此时，崔载之给傅作义连续发回几封电报，劝傅作义考虑解放军的条件，军队要放下武器，否则谈不成，谈不下去，请傅作义考虑复电等。

23日，崔载之从电台收到傅作义致毛主席的电报，电文如下：

"毛先生：一、今后治华建国之道，应交由贵方任之，以达成共同政治目的。二、为求人民迅即得救，拟即通电全国，停止战斗，促成全面和平统一。三、余绝不保持军队，亦无任何政治企图。四、在过渡阶段，为避免破坏事件及糜烂地方，通电发出后，国军即停止任何攻击行动，暂维现状，贵方军队亦请稍向后撤，恢复交通，安定秩序，细节问题请指派人员在平商谈解决。在此转圜时期，盼勿以缴械方式责余为难。过此阶段之后，军队如何处理，均由先生决定，望能顾及事实，妥善处理，余相信先生之政治主张及政治风度，谅能大有助于全国之安定。"

崔载之立即将傅作义致毛主席的电报转交给平津前线司令部。当天，平津前线司令部就用电报将傅电呈报给了毛主席。

25日，中共中央以权威人士名义宣布蒋介石等43人为罪大恶极的头等战犯，傅作义的名字也列在其中。中共中央的意图，一是揭露蒋介石的和平阴谋；二是在客观上加强傅作义、卫立煌等国民党高级将领在蒋介石一边的地位，防止蒋介石谋害他们。因此，在

宣布战犯名单的同时，还发表了一篇短文说，像傅作义这样的战犯不惩罚不可能，减轻惩罚是可能的，其出路是缴械投降，立功赎罪，以此解除傅作义对和谈的疑虑。

但是，傅作义对中共中央的意图并不理解，本来他就怕和平解决后得不到共产党的谅解，而且在近几天之内自己的主力部队在新保安、张家口被歼，情绪非常懊丧，当听到把他列为战犯时，精神上受刺激很大，思想上更想不通。就连刘厚同也说："这样不违背中共的宽大政策吗？这一定是中共一批青年干部作的，毛先生一定不知道。"

就在宣布战犯名单的第二天，傅作义即命李腾九发急电，要崔载之立即返回北平，该电文是：

"总座纯为国家为人民及保全平津文物与工商业基础，毫无任何政治企图，其意亦即帮助成功者速成，而不是依附成功者求自己发展，因之，如果缴械亦可先从自我缴起，吾兄迭次来电意见均甚好，希即返平面谈。"

东北野战军司令部参谋处长苏静看到傅作义的来电后，立即把崔载之要走的情况报告了平津前线司令部。平津前线司令部收到苏静的电报后，以林彪的名义同时发了两个电报，一个是发给苏静的："望嘱傅之代表稍待，然后再回北平。"另一个是发往中共中央军委的："傅之来电转上，该电似非真意，似另有企图，我们拟准其回去，并告以傅本战犯，现如能下令缴械，则可对其本人及其部属可予优待，军委有何指示，盼复之。"

可是，苏静在未接到林彪的电报之前，就让崔载之走了，而李炳泉和报务员、译电员则仍留在八里庄，电台也留下了。27日，林彪将崔载之已返平的情况报告了中央军委。

在傅作义派人同人民解放军平津前线司令部秘密接触，进行和谈之际，蒋介石已有所察觉，为了保住他在平津的军事实力，阻挠破坏北平的和谈，立即派其军令部部长徐永昌飞到北平，对傅作义

进行拉拢。

徐永昌来到，傅作义照例设宴款待。

酒桌上，徐永昌有点肉麻地吹捧说："值此风雨飘摇之际，共军兵临城下，大军压境，宜生兄独立支撑半壁河山，真是千斤重任啊！"

傅作义笑着说："徐先生千里迢迢专程飞来北平，就是为了给我打气来的？"

徐永昌有点尴尬："宜生兄有所不知，自从共军兵临城下，传说纷纭，莫衷一是，听说你派人去接头啦。"

正在笑着的傅作义立即正色道："这是什么意思？"

徐永昌忙解释说："宜生兄请勿误会。总统的意思是，为了保存实力，以便和共军持久作战，能否撤退平津……从塘沽和青岛分路南撤。"

傅作义面露难色地说："恐怕已经晚了！共军已经团团围困，怎么能突得出去呢？南撤只能加速被歼。"

徐永昌见已无能为力，只好悻悻地飞回南京向蒋介石复命去了。

一波未平，一波又起。徐永昌走后不久，蒋介石又令其国防次长郑介民乘专机飞到北平进行特务活动，力图破坏傅作义与中共进行的和平谈判。郑介民一下飞机，就和北平警察局局长杨清植、国统局北平站站长王蒲臣、警备司令部稽查处处长毛惕园等密谈，部署国民党"军统"特务分子采取恐怖手段，监视傅作义的行动，对奔走和谈的人士实行跟踪暗杀。

郑介民在与傅作义谈话时，竟当面质问傅作义："你们与中共和谈了吗？"

傅作义坚定地说："没有此事，那是谣言！"

郑介民以钦差的口气说："有此传说，总座着我调查。"

傅作义冷冷地回答："如果总统不放心，我马上可以辞职！"

郑介民碰了个硬钉子后，对蒋介石嫡系部队做了一些反对与中共和谈的布置后便走了。

此时，白色恐怖笼罩着北平全城，街头军警、特务到处抓人，到处搜捕中共地下党员。

鉴于此时北平城内军统特务活动十分猖獗，彭真来电报指示北平地下党在城内的联系人暂时躲开，避免意外损失。

在这些日子里，傅作义深深陷在各种错综复杂的矛盾之中：解放军兵临城下，嫡系部队主力被歼，受蒋介石胁迫，首次派人出城和谈未果，自己又被中共列为战犯，思想斗争十分激烈。他一面下令在城内动工修筑环城马路，在东单、天坛修建临时机场，准备战事；一面召集幕僚心腹商量，准备继续与中共进行和谈。并给毛主席又发去一封电报，电文的大意是：傅作义主张起义，并公开发和平通电，傅作义不去参加南京蒋介石召开的第二次高级军事会议，再派人来谈判。此间，傅作义还约见彭泽湘和民盟北平市负责人张东荪，要其找中共，表示他自己无任何要求，只希望给他一台阶使其下野，并用协商办法处理北平的国民党军队和政权问题。

韬深谋高，毛泽东指示机宜

为了实现和平解放北平这一目的，中共中央、毛泽东针对傅作义的处境和思想情况，及时采取措施，大力加强对傅作义的政治争取工作。在公布了战犯名单之后，中共中央、毛泽东接着就发电指示北平地下党："傅虽列为战犯，但与蒋介石有矛盾，仍要争取。"

北平地下党遵照党中央的指示，通过各种渠道，向傅作义及其幕僚宣传共产党的统一战线政策，宣传和平解放北平符合人民的利益，讲明只要傅作义接受和平谈判，和平解放北平，就是为人民立了一大功，人民是不会忘记的。

12月31日，中共中央军委发电报指示北平地下党转告傅作义，

派有地位能负责的代表和张东荪一道出城到平津前线司令部进行谈判。随即又指示林彪认真做傅作义的工作，并派人把中共中央和平解决北平问题的意图当面直接告诉傅作义。平津前线司令部收悉中央军委这一电示后，立即研究，确定派李炳泉回城，当面向傅作义传达中央军委的意图。

傅作义听了李炳泉陈诉的意见后，思想上解除了一些顾虑，打消了发通电起义的想法。李炳泉回城晤傅作义后很快又返回平津前线司令部。

在人民解放军的敦促下，傅作义将军决定再度派代表出城和谈。

1949 年 1 月 5 日深夜，傅作义把其少将民事处长周北峰叫到办公室，先讲了一些对时局的看法和第一次派人出城与解放军谈判的情况，然后对周北峰说："你准备一下，明天同张东荪一道出城与中共重新谈判。"

7 日晨，周北峰、张东荪乘坐一辆大卡车，在一个班的解放军战士护送下，驰往河北省蓟县。下午 4 时左右，到达蓟县城南的八里庄。与此同时，中共中央军委给平津前线司令部发来电报，对平津战役作了重新估计，对傅作义的态度作了深刻分析，确定了与傅方代表谈判的基本方针和原则：只要傅作义能让我们和平接收平津，允许傅部编为一个军，他本人可赦免战犯罪，保存私人财产，其部属的生命家财不予侵犯。

这时，聂荣臻司令员刚从河北平山党中央所在地回到蓟县孟家楼，了解了上次谈判的情况后，于 8 日乘车来到八里庄与傅方代表面谈，以了解傅作义近来有什么变化和要求。

聂荣臻与周北峰、张东荪分别进行了谈话。聂荣臻问周北峰："这次你来了，我们很欢迎，你看傅作义这次有诚意吗？"

周北峰答："我看傅先生已经看清了形势，这次叫我来主要是看解放军对和平解决的条件。"

平津前线司令部驻地蓟县孟家楼村

聂荣臻诚恳地说："条件很简单，我们要求他停止抵抗。不过你是单谈北平的问题呢？还是傅全部统辖的部队和地区呢？"

周北峰答："我是奉命来谈全面的问题的，包括平、津、塘、绥的一揽子和谈。"

聂荣臻点了点头，又说："傅先生是否还准备困兽犹斗，用当年守涿州的办法在北平负隅顽抗？"

周北峰答："这次叫我出城商谈，我看是有诚意的。这是大势所迫，人心所向，只有走这一条路。当然在具体问题上，还可能费些周折，傅作义还有不少顾虑，我们这次商谈是要比较具体点的。"

"好吧，明天我们正式会谈。"聂荣臻说。

接着，聂荣臻又与张东荪谈了话。

聂荣臻同周北峰、张东荪谈话后，立即将谈话的情况以及对傅作义的分析判断和拟答复的条件电报请示中央军委。中央军委于9日凌晨给林彪、聂荣臻来电指示：平津塘绥均应解决，但塘绥人民困难尚小，平津人民困难甚大，两军对峙军民粮食均有极大困难，故应迅速解决平津问题。为避免平津遭受破坏起见，人民解放军方面可照傅方代表提议，傅方军队调出平津两城，遵照人民解放军命令开赴指定地点，根据人民解放军的制度，用整编方式改编为人民解放军，并由双方代表于 3 日内制定具体办法，于 1 月 12 日下午 1 点开始实施。

平津前线司令部得到中央军委上述指示后，9 日上午，林彪、罗荣桓、聂荣臻等与周北峰、张东荪进行正式会谈。由华北军区作战处处长唐永健作记录。谈判中，周北峰陈述了傅作义的要求和想法：一、平津塘绥问题一齐解决。二、傅作义所属军队以团为单位出城整编。三、对于新保安、张家口、怀来作战被俘人员一律释放不作战俘对待。四、文职人员都吸收到新的工作单位继续工作，对傅作义的军队、行政、文教等人员都予以安排，给予生活出路。五、政治民主，经济平等，言论和信仰自由，《平明日报》继续发行。六、对傅作义的所属军政人员已往罪过不要追究。

林彪、罗荣桓、聂荣臻在听了周北峰陈述傅作义的意见后，作出如下答复：一、所有军队一律解放军化，所有地方一律解放区化，即傅作义把军队调出平津两城，遵照人民解放军的命令开赴指定地点，用整编方式改编为人民解放军；二、只要傅作义让解放军和平接收平津，允许傅部编一个军，对傅作义不作战犯看待，在政治上给予一定地位，并允许保存私人财产；三、对张家口、新保安、怀来战役被俘的傅部人员可以一律释放，对傅部的起义人员一律不咎既往，凡愿继续工作的都可以留下来安排适当工作，不愿工作而要求还乡的都可以资遣并发给资遣费及资遣证明书，允其返乡，并嘱咐地方政府对其返乡后也不予歧视。

周北峰、张东荪一致称赞上述办法好，并说傅将军一定能够接受。

这次谈判，双方态度诚恳，气氛比较融洽，平津前线司令部把

缴获的战利品高筒皮鞋送给周北峰、张东荪每人一双，作为谈判的纪念礼物。

周北峰刚回到北平家里还没有顾上吃饭，王克俊就给他打来电话说："总司令请你立即来！这里给你准备饭，来这里吃吧！"

周北峰立即乘车来到总部傅作义的办公室。

傅作义见到周北峰谈了几句就问："你来电不是说已签了协定，有文件吗？"

周北峰回答说："不是什么协定，是一个会谈纪要。"

于是周北峰便从内衣中取出文件交给傅作义。等傅作义看完后，周北峰又把谈判的详细经过汇报了一下。这时，傅作义若有所思，一言不发，在室内踱起步来。周北峰说："总司令，文件是谈定后整理的，最后一段附记说所谈各项务必于元月 14 日午夜前答复。"

傅作义告诉他："你可电告解放军，你已回到北平，这个文件过两天再说吧！"

1 月 12 日，平津前线司令部由蓟县孟家楼向前推进至通县宋庄。

此时，中央军委从北平地下党发来的情报获悉，傅作义将要派其副总司令邓宝珊作为他的全权代表出城谈判，当即电报指示林彪、聂荣臻要对邓宝珊出城谈判表示欢迎，并采取客气态度。

邓宝珊将军是在进行和平解放北平的谈判中，应傅作义电邀，于 1948 年 12 月 28 日乘傅作义派去的"追云号"飞机，从包头飞来北平共商大计的。邓宝珊将军是参加过辛亥革命的老前辈，他在抗日战争期间结识傅作义，关系甚密，傅作义、邓宝珊、马占山还结拜义兄弟，互为依靠。邓宝珊驻榆林期间，曾多次来往延安，与中共领导长谈，建立了深厚友谊。他一贯反对蒋介石打内战，要求国共合作。邓宝珊的专机抵达北平上空时，北平南苑和西郊机场均被解放军控制，只好在天坛临时机场降落，傅作义亲自到机场

迎接。

傅作义将军下了走起义道路的决心后，即请邓宝珊将军作为他的全权代表赴人民解放军平津前线司令部商谈和平解决条件，邓宝珊愉快地接受了谈判任务。

1月13日，傅作义对周北峰说："你可以电告林彪、罗荣桓、聂荣臻，就说前次所谈都已研究过了，只是限于14日午夜答复，时间太仓促，明日你同邓宝珊再去。"

周北峰电报发出后，傍晚就收到平津前线司令部的复电："电悉，可请再来。"

于是，傅作义的左右又秘密做着第三次出城谈判的准备工作。14日上午，傅作义将邓宝珊和周北峰叫到中南海，令他们马上起程赴解放军平津前线司令部进行谈判。周北峰立即给平津前线司令部发去电报："我偕邓宝珊将军今日前往，请指定路线、地点及接头办法。"

随即，他们收到平津前线司令部的复电："欢迎你与邓将军同来，仍在清河镇接头，我方派王科长等候你们。"

下午，邓宝珊、周北峰、刁可成（傅部政工处科长）、王焕文（邓宝珊的随从副官）一行4人，来到了通县西北的五里桥村。平津前线司令部推进至通县宋庄后，也将原在蓟县八里庄的谈判地点转移到离宋庄不远的这个村庄。邓宝珊、周北峰一行受到林彪、罗荣桓、聂荣臻等的热情欢迎。

罗荣桓对邓宝珊、周北峰说："你们先休息休息，等一会再谈。"

"是不是现在就可以谈？"周北峰问。

聂荣臻严肃地说："我们前几次说得很清楚，14日午夜是答复的最后期限，现在只剩下几个小时了，我们已下达进攻天津的攻击令了。这次谈判就不包括天津了。你们有什么意见？"

邓宝珊来时尚不知此情，便吩咐周北峰说："用你的名义打个

电报，将这个情况报告总司令请指示。"

周北峰发去电报后，很快就收到傅作义的复电："我弟与邓先生相商，斟酌办理。"

人民解放军奉命于 1949 年 1 月 14 日 10 时向天津守敌发动总攻，很快突破了天津守敌的城防阵地。仅用了 29 个小时就攻克天津，全歼国民党第 86 军、第 62 军的两个师，第 94 军的一个师及其他新编师团共 13 万余人。

天津解放，平津局势急转直下，直接促进加速了北平的和平解放，促进了傅作义和平解决北平问题的决心。

1 月 15 日上午，双方在邓宝珊、周北峰住地通县五里桥村张永和的住宅，正式开始了通县的谈判。解放军方面参加会谈的有林彪、罗荣桓、聂荣臻。傅作义方面参加会谈的有邓宝珊、周北峰。苏静、刁可成作记录。谈判的主要内容是平郊国民党军队的改编原则和具体办法，对傅作义的华北总部和部队中团级以上人员的安排办法，以及对北平市的文教、卫生、行政等单位的接收办法等。会谈一直进行到深夜。

最高统帅部一直在关注着和平谈判的进程。翌日凌晨，紧张工作了一夜的毛泽东又发来电报，指示林彪、罗荣桓、聂荣臻：应向邓宝珊、周北峰二人及同来的人切实做一番工作，坦白诚恳地向他们说明利害；并告诉邓宝珊，毛主席知道他出来谈判，表示高兴，并致欢迎之意；给傅作义的书面通牒应于本日面交傅方代表；同时指示应迅即准备派出适当代表带随员及电台入城工作。此人应懂得我们的全部策略态度，并要机警，有应付能力。

1 月 16 日下午，参加谈判的双方代表继续会谈，最后双方达成和平解决北平问题的协议。协议主要内容是：北平和平解放，国民党驻平郊部队出城开赴指定地点，听候和平改编为人民解放军，释放被俘人员，对被俘人员不以战俘看待，双方在北平成立联合办事处，处理过渡问题等。

阻挠和谈，北平飞来蒋纬国

就在北平和平解放已成定局之时，仍不死心的蒋介石，又派其次子蒋纬国带着他的亲笔信飞到北平来见傅作义，信中说："宜生吾兄勋鉴：去岁迭奉惠书，弟因故未复，实深抱歉……西安双十二事变，上了共产党的当，第二次国共合作乃平生一大教训。今闻吾兄处境危艰，欲与共产党再次合作，特派次子纬国前来面陈。请亲自检查面陈之事项。

此敬候

勋安。弟蒋中正。"

傅作义一边热情向蒋纬国劝茶，一边婉言说："请向总统致意，时至今日，一切全晚了……"

蒋纬国还有点固执，说："不晚不晚，千军易得，一将难求，希望总司令能顾全大局。"

傅作义郑重地说："我半生戎马，生死早已置之度外，至于个人荣辱，更不在意，国家大局高于一切。我是炎黄华胄，只要对国家民族有利，对人民有利，个人得失又何足道哉！"

话已至此，蒋纬国见已无济于事了，只好悻悻在天坛临时机场乘飞机回南京。

蒋纬国一到南京，即向老爹报告情况，蒋介石知大势使然，已再难挽，就在邓宝珊与解放军谈判回城的当天晚上，他又给傅作义发来电报说：相处多年，彼此知深，你现在厄于形势，自有主张，无可奈何。我今只要求一件事，于18日起派飞机到北平运走第13军少校以上军官和必要的武器，约要一周，望念多年之契好，予以协助。

傅作义接电后，一面给蒋介石复电"遵照办理"；一面发电通知解放军平津前线司令部，要求人民解放军炮击天坛机场，阻止蒋机着陆。

　　此时，忠于蒋介石的特务分子仍不死心，进行恐怖活动，妄图阻止和谈。1月18日凌晨3时，一声巨响，前北平市市长何思源的住宅被炸。原来，何思源从南京秘密乘飞机到北平奔走和平，被蒋介石侦悉，十分恼火，责成毛人凤电令军统北平站站长王蒲臣必须置何思源于死地，以儆效尤。王蒲臣指使北平站豢养的有名飞贼段云鹏等人前往执行。段云鹏在何宅屋顶安放的炸药爆炸之际，适逢何思源送走几位客人回到屋内，何思源被炸伤，其女则被炸死。

　　然而，这些并不能吓倒热爱和平的人们。当日，何思源即偕同康有为之女康同璧等10名北平各界代表出城去西郊向人民解放军接洽和平。人民解放军以礼相待，并设便宴接风，对他们的行动表示欢迎。东北野战军第4纵队的领导，还陪同代表们参观了解放军的炮兵阵地，他们对解放军有这样强大的炮兵感到十分惊讶。

　　第4纵队政委莫文骅对代表们说："如果傅作义将军不肯悔悟，我们可以打，而且有精良的武器和高超的战术，既能攻下城市，又能尽量保护古都，请代表们转告傅作义将军和北平各界人民，我们力争和平解决北平问题。"

　　代表们一致表示，回城后一定尽力为和平奔走。

没有硝烟，没有炮声，国共士兵和平换岗

　　终于，傅作义将军顺应历史潮流，施行了和平解放北平的行动。

　　1949年1月21日上午，中南海居仁堂会议厅警备森严，气氛紧张，经过周密的部署，傅作义将军要在这里召集高级军政人员会议，宣布和平解决北平问题的协议。驻北平国民党部队师以上将领，以及北平市政府、河北省政府和国民党驻北平的有关人员参加了会议。

　　会议由傅作义主持，先由王克俊宣读《关于和平解决北平问题

《的协议》要点。接着，傅作义将军讲话，他要求大家努力保护公共财产和档案文书，安心工作，准备接管，将来都会有妥善安排工作的机会。

当场，多数人表示赞同北平问题的和平解决，可见人心所向，大势所趋，完全符合广大官兵的心愿。

但也有少数人感到如丧考妣，痛哭流涕，连连嚎叫："我们对不起领袖呀！对不起领袖呀！"

兵团司令李文、石觉是死硬派，站起来说："我们二人是蒋委员长的学生，有着特殊的关系，不能留在这里执行'协议'，请总司令容许我们各带必要的几个师长飞回南京去。"

傅作义严肃地说："那就分道扬镳吧！可以允许你们走，但不得影响部队服从协议的执行，你们要带谁走，连同你们二位离职后代理人都是谁，请你们当场指定，不要影响部队的安定。"

李文、石觉当场将他们指定的代理人写在纸上交给傅作义。尔后李文、石觉以及第13、第16、第94军和第31军部分团以上军官在东单临时机场乘飞机南逃。允许这些人飞逃，使部队减少了执行和平协议的阻力，可说是傅作义的精明之处。

会后，傅作义即将《关于和平解决北平问题的协议》正式下达到所属各部执行。

1949年1月22日，傅作义将军发表文告，对外正式公布了北平和平解放的实施办法条文。各报刊相继登载，国民党中央社也不得不发表了傅作义将军的文告。

北平城内的20万国民党军队，从1949年1月26日起，以师为单位分别向城外指定地点开出，31日全部开出城外改编为人民解放军。

国民党部队全部出城之后，人民解放军进城担负警备任务。根据平津前线司令部的指示，成立了北平警备司令部，由东北野战军第2兵团司令员程子华任警备司令兼政委，彭明治、吴克华任副司

人民解放军入城接防

令，莫文骅任副政委，刘道生任政治部主任。他们要求入城接防的干部战士"对北平城内的一切城市工商业，市政文化，名胜古迹，国家仓库，财产物资及其一切公共设施，只准看管，不得动用；只准保护，不得破坏；空手进，空手出，切实做到秋毫无犯"。

1949年1月31日，人民解放军进入北平接管。2月3日，人民解放军隆重举行了进驻北平的入城仪式。上午10时，4颗信号弹腾空而起，庄严雄伟的入城仪式正式开始。

初春时节，古老的北平城沸腾了，大街小巷，人山人海，锣鼓喧天，人们穿红披绿，熙熙攘攘，手捧鲜花，举着彩旗，狂舞欢歌，震耳欲聋的口号声、鞭炮声、歌声汇成一部胜利的交响乐曲，经久不息地回荡在北平城头的上空。林彪、聂荣臻、罗荣桓等领导同志登上正阳门箭楼检阅入城部队。欢迎的群众，有的和战士们激动地拥抱在一起，有的把大红花戴在英雄们的胸前，把彩纸纷纷洒落在干部战士的身上，有的青年学生爬到坦克上，用粉笔写上"中国人民解放军万岁！""解放全中国！"的大字标语。

北平人民群众欢迎人民解放军

林彪（左2）、罗荣桓（左3）、聂荣臻（左1）在正阳门箭楼上检阅入城部队

参加入城仪式的人民解放军装甲车部队

叶剑英市长在北平和平解放庆祝大会上讲话

毛泽东：今天，我们是姑舅亲戚

北平和平解放后，傅作义将军认为自己对解放战争时期华北的战争负有罪责，应承受人民的惩处。党中央和毛泽东不但不咎既往，反而分别多次在共产党员和群众中为傅作义做工作，取得人民的谅解，而且一直给予信任和关怀。经历坎坷曲折的历史道路，总算走上光明大道的傅作义将军，多么渴望谒见钦敬之至的中共中央毛泽东主席啊！一天，傅作义兴致勃勃地对周北峰说："我打算亲自去西柏坡拜见毛主席，你向叶剑英主任委员说一下，是否可以？"

周北峰立即向叶剑英汇报，叶剑英答应立即请示党中央。此时正值上海的民众和平代表团颜惠庆、邵力子、章士钊、江庸、黄启汉等由上海乘飞机到达北平。2月21日，叶剑英告诉周北峰："请告诉傅先生，明天上海民众和平代表团的颜惠庆等人飞石家庄，即请傅作义和邓宝珊偕一名随员乘这架飞机去。"

2月22日，傅作义、邓宝珊偕阎又文从西郊机场乘飞机飞赴石家庄，换车抵达西柏坡，当晚毛泽东主席亲自来到住处看望他们。邓宝珊将军在抗日战争时期与毛泽东主席会晤过多次，傅作义将军则是首次见到毛泽东主席，一见毛主席，啪地立正行了个军礼。

毛泽东主席见傅作义庄严肃穆，不苟言笑，就亲切地伸出双手，握住他的手愉快风趣地说："宜生，过去我们在战场上见面，清清楚楚，今天，我们是姑舅亲戚，难舍难分，蒋介石一辈子要码头，最后还是你把他甩掉了。"

傅作义内疚地说："主席，我半生戎马，除抗日外，罪恶不小。"

毛主席则诚恳地说："和平解放北平，宜生功劳很大！"

此后，毛泽东主席和周恩来副主席同傅作义进行重要和恳切的晤谈。说到对傅作义原有人员的政策时，毛泽东主席说："我俘虏

平津战役经过略图
1948.11.29—1949.1.31

东北野战军
1、5、6纵
3、8、9、10纵
7、2、12纵

塘沽地区
塘沽地区作战从1948年12月3日
开始，陆续解放了油山、塘沽等地。
并切断了塘沽两地之联系，包围了
天津，于1949年1月15日解放天津，
歼敌13万余人。17日塘沽解放。

北平地区
北平地区从1948年12月12日开始进行外围
作战，随后我主力到达后即对北平进行了包围。
于1949年1月11日和平解放，消灭和俘虏了
国民党军26万余人。

东北野战军
4、41纵

华北2兵团
4、3、8纵

平绥路东段地区
平绥路东段作战从1948年11月29日
开始，一路先从来家口地区展开，攻占了
万全、怀安、进而包围了张家口。一
路包围第35军于新保安，一路攻占古怀
来、康庄，切断了平津之联系、各路前
来夹击敌人，后共歼敌10万余人。

华北3兵团
1、2、6纵

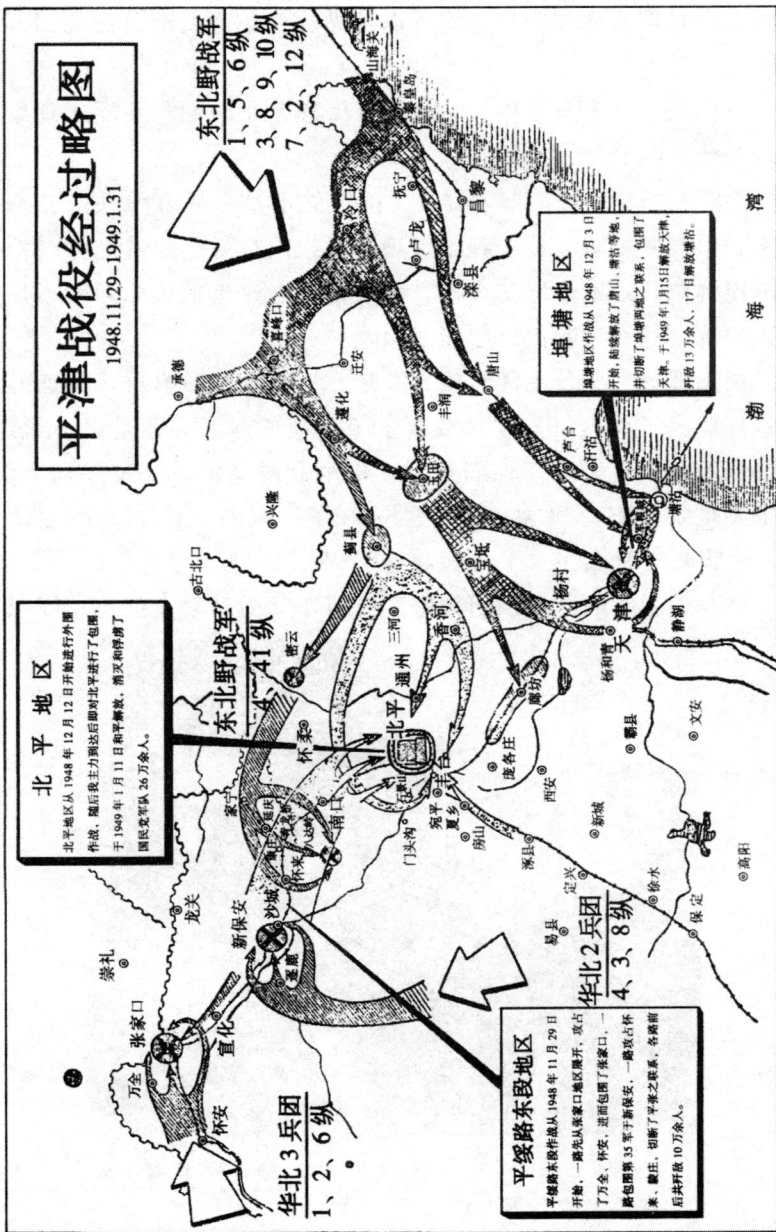

你的人员，都给你放回去，你可以接见他们，我们准备把他们都送到绥远去。"

傅作义有点不解地问："给我？我怎么处理呢？还要送到绥远去，为什么呢？"

毛泽东哈哈一笑，解释道："国民党不是一贯宣传共产党杀人放火、共产共妻吗？他们到了绥远，可以现身说法，共产党对他们一不搜腰包，二不侮辱其人格，可以帮助在绥远的人学习学习，提高认识嘛。这些人我们以后还要用哩！"

谈到绥远问题，毛泽东说："有了北平的和平解放，绥远的问题就好解决了。可以先放一放嘛。等待他们起义。还是以前说的，给你们编两个军，对于你们来说，走革命的道路，要过好几个关，但主要是要过好军事关。这一关过好了，以后土改关、民主改革关、将来还有社会主义关等就好过了。"

毛泽东主席的这些亲切教诲，使傅作义受到很大鼓舞。周恩来

周恩来（左1）与傅作义（左3）、邓宝珊（左②）在西柏坡合影

毛泽东等中央领导人，在北平西苑机场检阅
参加平津战役的人民解放军部队

受阅的人民解放军部队

毛泽东与傅作义在西苑机场交谈

毛泽东（左6）、周恩来（左2）、朱德（左5）、任弼时（左
3）在北平西苑机场

副主席、杨尚昆等人还同傅作义、邓宝珊、阎又文等合影留念。

傅作义一行于2月24日乘飞机飞回北平。

1949年3月25日，党中央、毛泽东主席和人民解放军总部从平山县西柏坡村迁到了北平。毛泽东主席和朱德总司令等当日在北

平西苑机场检阅人民解放军，傅作义和邓宝珊应邀参加了检阅仪式。傅作义将军看到受阅的人民解放军威武雄壮，全是用缴获的美式武器装备，感受颇深。数日后，毛泽东主席在松柏常青的香山，又一次接见并宴请了傅作义和邓宝珊等人。

3月下旬，人民解放军释放了被俘的原傅作义部的全部将级人员，傅作义在西郊他的住处接见了被释人员，向他们传达了毛泽东主席接见他时讲的话，还语重心长地说："过去我把你们领到错路上去了，由我负责，今天总算是走上正道上来了。"

使傅作义尤为感动的是，中共中央决定对张家口、新保安、天津等地解放战争中的被俘人员，也一律予以宽大处理，全部释放，送回北平。

4月1日，傅作义向全国发出北平和平解放的通电，通电全文如下：

中共中央毛主席、全国各民主党派、各人民团体、各民主人士及国民党中的爱国朋友们：

北平的和平工作，自1月22日开始，现已圆满完成。地方未曾遭受破坏，人民的生命财产，没有遭到损失，文物、古迹、工商、建筑，也都得到保全。北平的和平解决，蒙全国各方所称许，认为是实现全国和平的开端。现正当全国和平商谈之际，在这个时候，我愿把我的认识和意见，向全国各方说明。两年半的内战，我个人内心和行动，主观和客观，是在极端矛盾中，痛苦的斗争着，北平和平的实现，就是由认识到行动，自我痛苦斗争的结果。现在回忆既往，我感觉我最大的错误，就是执行了反动的戡乱政策。我们在实行所谓戡乱的时候，每天说的虽是为人民，而事实上一切问题，都是处处摧残和压迫人民。我们的部队，在乡村是给大地主看家，在城市是替特权、豪门、贪官、污吏保镖。我们不仅保护了这些乡村和城市的恶势力，而且还不断的在制造和助长这些恶势力。

種種錯誤的原因，反映在政治上，就是腐烂；反映在經濟上，就是崩潰；反映在文化教育上，就是控制和鎮壓青年學生的反抗；反映在社會上，就是勞苦大眾的生活，一天一天的貧困，上層剝削階級奢侈淫靡的享受，一天一天的增高；反映在外交上，就是依附美國；反映在軍事上，就是由優勢變劣勢。所有這些都是因為違反了人民的利益，所以得不到人民的支持，最後為人民所拋棄。中國共產黨為什麼成功呢？這是因為共產黨以工農大眾和全國人民的利益為基礎，在鄉村徹底解決了土地問題，得到廣大農民的擁護；對城市工商業，實行公私兼顧、勞資兩利，鏟除官僚資本，保護民族工商業的發展。共產黨的民主聯合政府的主張，已經得到全國各民主黨派和人民的擁護。新民主主義不但科學地解釋了革命的三民主義內容，而且正確的說明中國革命的過去、現在和將來。新時代的民族民主革命，已經不是屬於舊的範疇，而是屬於新的範疇，必須有工農階級和代表工農階級的共產黨的領導，才能保證革命政策的徹底執行和革命任務的徹底完成。共產黨人既然對於歷史有了正確的認識，又有為人民服務的艱苦奮鬥的精神，所以一天一天的得到成功。正確的政策是真正和平的前提，也是真正和平的保障。所謂戡亂政策，既然完全錯誤，共產黨的新民主主義既然完全正確，我們就必須公開反對所謂戡亂政策，真誠的實現和平，不應該再猶豫，徘徊，違背人民的願望。北平的和平，就是遵從人民的意志與願望，勇於自責，勇於負責的認識和行動，符合於正確的政策，符合於毛澤東先生所提出的八項和平條件，這種和平是真正的和平。一切有愛國心的國民黨軍政人員，都應該深切檢討，勇於認錯，以北平和平為開端，努力促使全國和平迅速實現。然後國家才能開始建設。今天，中國人民民主事業，是以中國共產黨的領導，工農聯盟為基礎，團結全國各民主黨派、國民黨的進步人士，和全國各民主階層，共同奮鬥。這已經是大勢所趨，人心所向，作义本此認識，今后愿擁護中共毛主席的領導，實行新民主主義，和平建設新

150

中国。

傅作义

1949 年 4 月 2 日，中共中央毛泽东主席欣然命笔，复电傅作义：

傅作义将军：

4 月 1 日通电读悉。南京国民党反动政府发动反革命内战的政策，是完全错误的。数年来中国人民由于这种反革命内战所受的浩大灾难，这个政府必须负责。但是执行这个政策的国民党反动政府的文武官员，只要他们认清是非，翻然悔悟，出于真心实意，确有事实表现，因而有利于人民解放事业之推进；有利于用和平方法解决国内问题者，不问何人，我们均表欢迎。北平问题的和平解决，贵将军复有劳绩。贵将军复愿于今后站在人民方面，参加新民主主义的建设事业，我们认为这是很好的，这是应当欢迎的。

毛泽东

1949 年 4 月 2 日傅作义将军的通电和毛泽东主席的复电，经报刊登载、电台广播，广为传播，在国民党阵营中产生了极大的影响，促进了全中国的解放。

中国共产党、毛泽东主席对傅作义将军的工作也给予了妥善安置。新中国成立后，在开国大典前夕召开的中国人民政治协商会议上，毛泽东问第 19 兵团代表王昭（时任第 64 军政委）：中央给傅作义先生一个水利部长做，你们兵团的同志服气不服气？王昭回答说：论打仗我们什么时候也没服过他的气！毛泽东笑了，亲切地对王昭说：你回去后要做工作哩！傅先生把北平完好地交给人民，这个功劳大得很哩！比我们任何一位将军带兵打下北平的功劳都大

哩！有这么大功劳的人，怎么不该做个水利部长呢?！当王昭把这件事传到部队后，大家都说毛主席站得高，看得远。

傅作义将军起义后，一直热爱中国共产党，热爱社会主义，曾任第一、第二、第三届全国政协常委，第四届政协副主席，第一、第二、第三届全国人大代表，国防委员会副主席，水利部和水电部部长。鉴于傅作义将军为祖国解放所做出的贡献，1955年人大常委会授予他一级解放勋章。毛泽东主席亲自给傅作义授勋。

1974年4月18日，傅作义将军病危，周恩来总理又一次去看望他，并俯下身去挨近他的耳朵说："毛主席叫我看你来啦，说你对人民立了很大的功！"

傅作义将军会意地动了动嘴唇。翌日下午1点40分，这位爱国将领便与世长辞了！

周恩来总理主持了傅作义将军的追悼会，叶剑英致悼词，党和政府对傅作义将军促进北平和平解放的历史作了极高的评价。

十、毛泽东：绥远问题，用 "绥远方式" 解决

董其武飞平请教，傅作义指破迷津

1949 年初，辽沈、淮海、平津三大战役胜利后，敌我双方的力量对比发生了根本变化，蒋介石再也无力阻止中国人民解放事业的进程，国民党的反动统治摇摇欲坠，扼守在绥远（当时为省名，辖今内蒙古中部地区，1954 年撤销）一带的国民党军队已成为华北地区的孤立据点，处于想逃无路、欲战不能的境地。

党中央、毛主席英明地分析了当时的形势和绥远国民党军各派的政治态度、绥远地区的阶级关系，及时提出用 "绥远方式" 即用和平谈判、不流血的斗争方式，争取这支国民党军队投奔到人民阵营来，解决绥远的问题。

绥远位于现内蒙古自治区的西部，原有 200 万人口，是傅作义苦心经营多年、用以同蒋介石分庭抗礼的基地。国民党华北 "剿总" 驻归绥（现呼和浩特市）指挥所主任兼绥远省政府主席董其武将军，也是举足轻重的人物。董其武是一位饱经风霜的国民党正直将领，他不是富家子弟出身，更不是蒋介石的黄埔嫡系和亲信。董其武从营长、团长提升为师长、军长，最后擢升为绥远军政最高统

帅，都是傅作义一手提拔起来的。他为傅作义供职几十年，一贯忠心耿耿，和傅作义有着深厚的感情。同时，董其武具有爱国心和民族感，对蒋介石排斥异己、卖国求荣、消极抗战、积极反共曾有过不满，对共产党的统一战线则十分关注。

绥远的国民党军队组织庞杂，番号众多，政治不纯。根据1949年底绥远指挥所的统计，共16个师旅，几十个保安团队，86000余人。

在绥远各族人民群众的支持下，我军在绥远的部队经过8年抗战和3年解放战争，逐步发展为3个骑兵师、2个步兵师和1个独立团，约3万人的武装力量。绥远广大人民经历过严峻的斗争，同我党我军有着血肉相连的关系，他们热烈地盼望着绥远早日解放，拥护我党和平解决绥远的主张，这是实现"绥远方式"重要的群众基础。

1949年1月21日夜，董其武在归绥从广播里听到了傅作义与中共达成和平协议，宣布北平和平解放的消息。虽然他早料到会有这么一天，但是仍觉得有些突然。他很想知道北平和平解放的详情，随即向北平傅作义处打电话，要求派飞机接他去北平看看。董其武22日飞北平后，直接到中南海居仁堂见傅作义。

傅作义十分高兴地说："你来得正好，我把北平和平解放的情况给你谈谈。"

傅作义把整个北平和平解放的过程向董其武详谈后，加重语气说："现在局势的转变，是大势所趋，人心所向，是历史的发展，人民的要求，是任何力量也扭转不了的。我们要跟上历史的潮流，走人民的道路啊。"

说到这里，傅作义盯着董其武，又说："你回去告诉咱们的干部，在抗日战争时期，我把大家的家属送到兰州、宁夏去是可以的。现在呢，不要看目前解放的地方还小，很快全部都要解放了，家属再送到哪里也都不是好办法。除非你有钱，把家属送到外国

去，否则没有你的立足之地。"

"走人民的道路"这句话，傅作义不止一次地讲过。这次讲得更加郑重。此刻，董其武从他的实际行动中真正理解了这句话的含意，并得到明确的启示。这时，董其武马上急切地询问："既然如此，北平和平解放的条文怎么没有提到绥远呢？"

傅作义则说："绥远问题等到我见到毛主席之后再定吧。这样重大的事情，不是光几句话就成的，要认真做好准备工作。要给大家讲明道理，认清利害关系，为了人民的幸福，为了全体官兵的前途，为了我们每个人的前途，必须走人民的道路。"

就这样，董其武经过和傅作义一次长谈，确定了走人民道路的目标。一回到绥远，就开始在暗中为起义做准备工作。

解决国民党军队的重要方式："绥远方式"

董其武从北平回绥远不久，旧历年来临。除夕前，绥东人民解放军的前线部队，在归绥以东 30 千米的陶卜齐车站地区与国民党绥远部队发生冲突。绥远局势顿时紧张。

董其武立即致电傅作义，经傅作义和华北局联系，转达了毛主席"双方部队停止战斗，绥远问题和平解决"的指示。人民解放军绥东前线部队于 1949 年 1 月 31 日停止向绥远军队的进攻，2 月 11 日又将主力部队撤至卓资山一线，于是绥远局势便趋平静。

在前线发生军事冲突之时，国民党绥远省省党部主任委员兼省政府建设厅厅长潘秀仁、副主任委员兼省政府财政厅厅长张遐民，趁机要求董其武把军政机关立即西撤。他们说，后套粮多，后方补给容易，不然一旦解放军切断绥包线，就无法后撤了。潘秀仁、张遐民的用意，显然是以后撤为辞，妄图阻挠走和平道路。董其武拒绝了他们的要求，几个人就逃到后套去了。

2 月 22 日，傅作义偕邓宝珊到河北省平山县西柏坡村晋见毛主

席。毛主席、周恩来副主席同傅作义进行了重要和恳切的谈话。傅作义一直关心着绥远的问题，很快向毛主席提出绥远怎么解决的问题。毛主席早已胸有成竹，很快回答："绥远问题，用'绥远方式'解决。"

傅作义有点不明白："什么叫'绥远方式'？"

毛主席郑重地说："有了北平的和平解放，绥远就不用兵了。先划个停战协定线，让董其武主席慢慢做好了他的内部工作。另一方面派个联络组，把铁轨接通了，贸易起来，在他认为适宜的时候举行起义。"

关于"绥远方式"，毛主席又在中共七届二中全会报告里，作过详细阐述。他说："今后解决这100多万国民党军队的方式，不外天津、北平、绥远三种。……'绥远方式'，是有意地保存一部分国民党军队，让它原封不动，或者大体上不动，就是说向这一部分军队作暂时的让步，以利于争取这部分军队在政治上站在我们方面，或者保持中立，以便我们集中力量首先解决国民党残余力量中的主要部分，在一个相当的时间之后（例如在几个月，半年，或者一年之后），再去按照人民解放军制度将这部分军队改编为人民解放军。"

历史证明，毛泽东提出的这种方式是英明、正确的。

根据毛主席指示的"绥远方式"，平津前线司令部各首长于3月间在北京饭店宴请傅作义时，经贺龙将军提出，商定了谈判绥远和平解放的双方代表：解放军方面派李井泉、潘纪文二人；绥远方面由傅作义派出周北峰、阎又文二人。

3月23日，双方代表在北京饭店开始进行商谈。经过协商，双方先划定了绥蒙解放军与国民党绥远部队的停火线。尔后，就恢复平绥铁路交通、通邮通电、双方贸易往来、双方货币兑换、华北局指派联络办事处进驻归绥等问题进行了反复商谈。于6月8日在北平签订了《绥远和平协议》。和平协议签字后，毛主席在中南海丰

泽园接见了傅作义先生。接见时在座的有周恩来副主席、朱德总司令、聂荣臻司令员、薄一波政委、陶铸同志。被接见的还有邓宝珊、周北峰、阎又文等人。

毛主席对于双方商谈成功很是高兴，说："你们商谈的条款我已看到了，就按那样执行吧。不过，不要登报，因为你们没有写明有了北平和平解放，才有绥远和平解放。不然别处都要求'绥远方式'，我们就不好办了。"

破坏和谈，国民党连出四招。

国民党一招：釜底抽薪

绥远起义的全过程，充满了尖锐、复杂的矛盾和斗争。这种矛盾和斗争突出地表现在董其武以及广大具有高度爱国热情的官兵和各界爱国人士，与国民党政府制造的种种障碍和施展的种种阴谋所进行的斗争。

绥远开始酝酿和平，国民党特务分子就把这些情况密告了国民党南京政府。为阻挠和平解决绥远问题，3月初，南京政府命令董其武率驻绥部队西撤。董其武既决心要走和平道路，当然就决不再执行南京政府的命令。但表面上还需应付。于是，董其武用两条理由做了回绝：第一，绥远目前形势还算稳定，暂时不应西撤。第二，驻绥远部队的下层官兵大多数是当地人，轻易西撤可能多有逃跑。

国民党二招：调虎离山

国民党政府一看董其武不服从调动，马上改变了手法，即派国民党中央立法委员、绥远籍的祁子厚和董其武的小同乡严子言二人乘飞机来绥远，要接董其武去南京与蒋介石见面商谈。

董其武接待他们之后，先是一阵寒暄，然后不软不硬地对他们说："当下时局表面稳定，但危机四伏，我一离开，局势难以控制，可能出现意外，如果必要，可酌请他人代表，目前我还不便轻易离开。"

这实际上等于拒绝了祁子厚、严子言的游说。

国民党政府两次碰壁后，便使出了"杀手锏"：停发绥远的军政经费和一切补给。

当时驻绥远部队包括邓宝珊将军的第22军在内，将近10万人，加上绥远又是一个贫瘠的小省，财政一向短缺，生活立即陷入了困境。

为了绥远军政人员的生存，董其武多次向国民党政府电请和派人交涉，国民党政府认为他们的"杀手锏"很见成效，不是不予理睬，便是故意推托，惟一的答复是："让董主席来。"而某些人听到此话后也说："董主席真糊涂，去上南京一趟，问题不就都解决了吗？"

其实，董其武何尝糊涂。他非常明白，到南京去，是国民党政府设下的陷阱，很可能人一到南京即被扣留。同时也并不是董其武到了南京，经费就可到手。国民党政府是有条件的，就是阻止和平。而且董其武一离开绥远，群龙无首，那些反对和平的恶势力便会猖獗起来，这是必然的。那些希望董其武去南京的人里，有些是思想简单或者说是糊涂，有些则是乘机捣乱，加紧兴风作浪，以激起那些不明真相的人反对董其武，实际上也就是反对和平的进程。

为了对付国民党政府施展的这个"绝招"，董其武同军政各界节衣缩食，共渡时艰。钱不够用，只能给军官、士兵和工勤人员每人每月发5块或2块现洋的生活费，家属吃粮由政府供给。夏季无单衣，就改冬装为夏装。

6月16日，国民党政府来电报要董其武赴广州参加省主席会议，再次施展调虎离山之计，企图以此方法骗董其武离开绥远。并派在兰州催发补给的32兵站分监部分监马良弼，乘西北军政副长

官郭寄桥派来的一架美国人驾驶的飞机来绥远，接董其武去兰州，再转送飞广州。董其武仍以前方军情紧要，不便离开为辞拒绝。马良弼乘飞机回兰州时，天已黄昏，飞机迷失方向，在兰州附近会宁县境内触山，机毁人亡。

国民党三招：暗杀破坏

国民党南京政府在对董其武进行要挟的同时，还派遣特务大肆活动，破坏绥远和平。河北、天津、北平、察哈尔解放后，所有的特务都聚集绥远，有如群魔乱舞，成了国民党政府破坏绥远起义的一支最猖獗的别动队。华北的中统特务头子张庆恩由北平来绥远，向特务做了破坏起义的布置。他们有的带着电台，有的潜入部队各个部门，与和平进步力量展开了一场听不见枪声的战斗。

这些特务在绥远到处制造谣言，说什么"第三次世界大战快打起来了，今明年就要爆发"。"美国援助有望了，美国海军司令白吉尔就要率美军来中国参战了，国民党在缅甸训练的很多军队，就要拿出来作战了……""你们无法与共产党合作，共产党绝对不要你们，你们再改造，再进步也不行"。

与此同时，他们还组织少数暴徒游行示威，到处张贴反动标语，散发传单，并沿街高喊：

"傅作义出卖了北平，董其武又要出卖绥远。"

"打倒傅作义！"

"打倒董其武！"

接着，在特务的指使下，第258师政工处处长赵元德蒙骗士兵20余人砸毁了宣扬走和平道路的《奋斗日报》社。

绥远铁路警务段段长、军统特务康玉玺，伙同他的同党周晏等，煽动不明真相的群众，企图发动铁路员工罢工，破坏机车、桥梁，利用警务段的枪支，拉到大青山打游击。董其武得知消息后，

ZHONGWAIZHANZHENGCHUANQICONGSHU

找到愿走和平道路的车务段段长高文藻，联系多数职工粉碎了特务们的阴谋，保证了西部的正常通车。

还有一批"东归干部"，他们大部分是在新保安、张家口、天津战役战败后逃到绥远来的，其中有部分人肆意诬蔑共产党，说什么共产党说话不算话，骂傅作义出卖了他们，等等。董其武内部的一些顽固分子，如第111军军长刘万春、骑兵师师长鄂友三、骑兵旅旅长乔汉魁等，也在暗中形成一股《绥远和平协议》的反对派。他们疯狂地叫嚷："蒋介石有美国支持，决不会完蛋"，"与共产党讲和平，靠不住"。"绥远要坚持到底，等待时局转变"。

这些人，对傅作义方面派去的工作人员也施加压力，投寄匿名信，说他们在北平把傅作义出卖了，现在又来出卖董其武，小心狗命，云云。有的甚至叫嚣："宁跳黄河一死，也不跟共产党走。"他们还对董其武将军施加压力说："绝不让共产党代表到归绥，如果他们来，我们就要动武，当着你的面把他们打死。"

绥远省国民党省党部主任委员潘秀仁、副主任委员张遐民秉其主子的意图，在部队里煽起一股西撤的妖风，说什么"如不早撤，一旦共产党切断归绥到包头的交通线，就无法撤离了"。

国民党四招：许愿收买

南京政府还不甘心失败，又采取了封官许愿、金钱收买等卑劣手段。7月间，国民党政府派军令部部长徐永昌和空军总司令王叔铭，乘飞机抵达绥西陕坝。事前他们发了电报，让董其武和孙兰峰、刘万春在包头等候，派小飞机来包头接他们到陕坝见面。董其武心想：这不过是南京方面在日暮途穷的情况下，做最后的挣扎罢了。他们来也好，正好向他们要补给。

见面后，稍事寒暄，话归正题，徐永昌、王叔铭仍是劝董其武他们把部队西撤，甚至荒诞地说："将来撤至缅甸才是英雄，就是

最大胜利。"

董其武并不理他们的话茬，紧紧抓着补给问题做文章："北平解放同绥远有什么关系，为什么停止绥远部队的一切补给呢？这不是要困死、困散我们么？我们部队是吃过苦的，想困死、困散我们是妄想。"

徐永昌一听连连说："这是误会、误会。"

董其武趁机发起攻势："要我们部队西撤可以，但是欠发的几个月的补给都得如数补发；因为部队的士兵、下级军官多半是绥远当地人，总得安安家吧！"

徐永昌当即答应："我们回去后就研究你们部队的补给问题，但是你们的部队要向西撤。"

后来，徐永昌、王叔铭又同孙兰峰、刘万春和董其武分别做了谈话，进行分化瓦解工作。

董其武一方面为了防止那些不愿意走和平道路的人听从徐永昌、王叔铭的指使，带部队西逃；另一方面也为了应付徐永昌、王叔铭的劝说，以尽快得到补给，命令张世珍的独7师向西开到河套去。这个师忠诚可靠，实力较强，装备也好。董其武秘密命令张世珍师长说："我们的敌人已不在东边，而是在西边了。你师进驻河套后，坚守乌不浪口和西山嘴。没有我的命令，擅自向西逃窜者，一律予以阻击解决。"

董其武这样做，对国民党政府也确实起了迷惑作用。他们认为董其武已开始将队伍西撤，居然补发了欠饷，拨来黄金1900两。董其武接到电拨黄金后，心里十分明白，这是收买自己。当即电告傅作义，傅作义向毛主席做了汇报。

毛主席听后，沉吟了一会儿，说："蒋介石的黄金可以收下。但是这点钱怎能解决董其武的经济困难呢？应该设法帮助董其武解决困难。"

徐永昌、王叔铭回南京后，国民党政府又使用阴险毒辣的手

段，任命董其武为西北军政副长官。这当然是试图用明升暗降的办法把董其武架空，使董其武在绥远失去兵权，以便操纵。

董其武针对国民党政府的阴谋，发了一份这样内容的电报："请选派贤能来接替我的一切职务。"

绥远的军队，除了董其武外，谁也驾驭不了，国民党政府对董其武又有幻想，这样就使国民党政府的阴谋再次破灭。

南京政府不甘心失败，一计不成，又施一计，于是又任命孙兰峰为第9兵团司令官，刘万春为第9兵团副司令官，实行各个击破的分化伎俩。南京政府这一招还真起了作用，刘万春被国民党南京政府任命为兵团副司令官后，开始起劲反对起义，并千方百计阻挠中共驻绥远联络处进驻绥远。

7月10日，中共联络处的何树声同志由旗下营出发，在傅作义派去的工作人员、原华北总部总务处课长肖如芝的陪同下，来绥远与董其武联络。他们到达白塔车站附近的毫沁营子村时，肖如芝给董其武打电话，报告联络处代表准备进城。董其武问怎么不提早来个信说明。肖如芝说："信早已发出，怎么还未收到？"

董其武命肖如芝查一下信的下落，并派人去接何树声等人。经查询，信被刘万春扣下了，未交给董其武。后来董其武考虑内部复杂情况和中共人员的安全，派康保安在归绥城东门迎接何树声同志，向他说明情况并一起去旗下营，与联络处的鲁志浩、曹文玉等同志商谈进绥问题。

7月15日，董其武派寿跃南、李竭忠前往丰镇商谈联络处具体进城日期，确定7月20日进驻归绥。次日，李竭忠先行返绥。傍晚偕同王克俊向董其武汇报，说联络处由潘纪文、鲁志浩率领，一行40人，3天后到达，让做好准备工作。

董其武即让人打电话请刘万春也来听听汇报，因为他负责治安工作。刘万春驱车前来，听完后即说："联络处的人，要把武器集中起来，由我保管，不许随便上街，否则出了问题我不负责。"又

说："这些日子，《奋斗日报》登载很多新华社的消息，简直成了共产党的报纸，有人要砸它；共产党员李健生（党的地下工作者，曾是董其武部连政工员）又跳得不行啦，有人要收拾他。"

在座的四人听了，都不禁一愣。董其武从团结刘万春出发，解释说："人家是客人，是来工作的，不能那样对待，一定要做好安全保卫工作。"

刘万春却二话没说，扬长而去。

特务射出罪恶的子弹

中共联络处人员来后，住在西落风街 6 号，这是一座青砖灰瓦的官宅，有三幢一共 20 多间房子。稍作安顿之后，联络处便与董其武将军做了第一次谈判。这次谈判，主要是研究如何贯彻绥远和平协议的具体措施，并有恢复平绥铁路交通、通邮通电，恢复商业贸易往来，确定双方货币兑换办法等工作。董其武原则上同意联络处的意见，并委派康保安、张国林等人与联络人员经常联系。

在反对和平的逆流里，中共联络处自然成了顽固分子和特务分子的眼中钉、肉中刺，他们时时刻刻都想拔掉这个"钉子"，有的向联络处投寄恫吓匿名信，有的则公开制造摩擦。

有些上层的顽固分子，利用联络处工作人员对上层人士做工作的机会，公开挑衅。有这样一个家伙，一天，何树声和曹文玉正在联络处研究工作时，他走了进来，自称是和林县的县长，没说上几句话就嚣张地对何树声他们说："你们的凉城县县长就是我打死的。"

何树声曾在绥远做过政工工作，对敌人团县以上人物的底细知道得很清楚。因此回敬他说："你过去做了些什么，我们知道，绥远人民更知道。"

接着又告诉他："我强大的人民解放军正向全国胜利进军，绥远不多时就要全部解放，你应好好考虑今后该做什么了。"

ZHONGWAIZHANZHENGCHUANQICONGSHU

几句话，打掉了这个狂妄家伙的反动气焰，不得不灰溜溜地走掉了。

困难和恫吓没有吓倒联络处的干部，联络处每一个工作人员都像一个优秀的游泳运动员，敢于在惊涛骇浪中腾跃；都决心像一颗坚韧的钉子，深深插入敌人的心脏里。他们一面同敌人做不屈不挠的斗争，一面抓住每一个时机，向绥远国民党的军政人员讲解革命形势和党的方针政策。鲁志浩、曹文玉和何树声还经常去一些上层人物家中访问。通过联络处人员的工作，绥远上层军政人员迫于大势所趋，在我党"爱国一家，既往不咎，妥善安置，量才录用"的政策感召下，越来越多的人愿意走和平解放绥远的道路。省参议长张钦征拒绝国民党特务头子的拉拢和收买时，明确地说："八年抗战，人民颠沛流离，胜利后，本应休养生息，但几年来战火仍频，民不聊生。国事如此，何以慰孙总理在天之灵。本人年事已高，愿借此有限年光，斡旋和平，以期对绥远父老有所建树。再不能与人民为敌。"

联络处除注意做好上层人员的工作外，还在其他各阶层人士中积极开展了工作。向他们讲解、宣传和平解放协议的精神，鼓励他们为和平解放绥远多做贡献。经过工作，一些学校的老师、进步的知识分子、报社的记者等，都利用不同的形式，如读书会、演讲会，学习革命理论和共产党的方针政策，并在社会上积极宣传，扩散影响，促进绥远当局贯彻协议。一些进步记者在《绥远晚报》成立了理事会，利用报纸这块阵地，发表进步文章和一些讽刺当局弊端的小品。

一时间，教育界、文艺界、青年界、妇女界的进步力量，在联络处与地下党的领导下，迅速行动起来。蒙古族女教师云华两姐妹，无论在妇女界还是在进步的知识分子当中，都是优秀的代表。云华是何树声在师范学习时的同学，学生时代就思想进步，有高度的爱国热忱，才貌出众，勇于进取。她曾因参加抗日活动而坐过监狱。现在又在共产党的影响下，积极起来参加妇女界为和平解放绥

远的斗争，热忱地为党和人民的事业贡献着她的才智。从她身上，可以看到在党的光辉照耀下各民族团结的缩影！

由于党的领导和群众的努力，和平解放绥远的声浪越来越高。我联络处和地下党在工作，敌人也在做最后的挣扎。他们看见进步力量在发展，也相应地把他们的太太、小姐、公子哥儿、反动记者、文痞和一些乌七八糟的特务分子组织起来，成立了什么妇女会、青年会，嚣张地同进步力量唱对台戏。而顽固分子之最者，要算是鄂友三了。

鄂友三是骑兵师师长，一爱嫖娼，二爱杀人，凶残成性，人称"鄂毛驴"。大青山的老百姓有这样一句话："不怕跳得欢，就怕鄂友三。二尺麻绳脖子拴（指用绳子套在脖子上把人勒死），不高兴时栽旗杆（把人立在坑里活埋）。"他曾在武川的一个山村里，一次活埋了17个人。解放军在归绥北山上坝口子村一次战役中，打垮了他的部队，他靠着狡诈成了漏网之鱼。这样一个欠着人民累累血债的反革命分子，在今天这场光明与黑暗决战的时刻，不能不跳出来做最后的表演。

一次，何树声和曹文玉到董其武处商洽工作，正逢他在那里。

董其武把何树声和曹文玉介绍给他时，他把头一扬，傲慢而嚣张地说："我，是鄂友三。咱们在大青山打过交道。"

何树声、曹文玉二人立刻进行了针锋相对的回击，一面抖了他一些底，一面正告他，走和平解放绥远之路，是他惟一的出路，谁要想螳臂挡车，那只能粉身碎骨。

董其武见双方唇枪舌剑，有些惊骇，忙把话题岔开。鄂友三不得不灰溜溜地走开了。

7月中旬的一天下午，在归绥新、旧城之间的大马路上，一群身着便衣持有手枪、冲锋枪、手榴弹的特务和凶手，把联络处铁路工作组秘书王士鑫和另外几名同志团团围住。

开始，他们推揉谩骂王士鑫等人，王士鑫等据理力争，揭露他

们的阴谋。这伙人恼羞成怒，竟然开枪并拉响了手榴弹，王士鑫当即倒在血泊中，为绥远的和平解放献出了宝贵的生命。

自古以来，"两国交兵，不杀使者"，而那些死心塌地与人民为敌到底的顽固分子，竟然在接受和平协议的地区，杀害了负有和平使命的革命者，这不能不激起广大绥远人民的愤怒，不能不叫我联络处人员义愤填膺。

工作人员即把董其武和王克俊（国民党华北"剿总"副秘书长兼政工处处长，傅作义派来帮助董其武工作的）找到联络处，向他们严正指出：这是反动派破坏绥远和平解放而制造的严重事件，绥远当局负有不可推卸的责任，并要求绥远当局立即追查并严惩凶手。

董其武和王克俊听后十分震惊，当即表示歉意，并答应立即查办。后查明，杀害王士鑫烈士的主谋者是刘万春的部下、师政工处处长赵元德，这个双手沾满人民鲜血的刽子手，解放后被我人民政府镇压。

考虑到此时的形势，我联络处认为董其武暂时无法驾驭局势，为了减少牺牲和更有利地斗争，向董其武提出了暂时撤出归绥的要求。

董其武看出了事态发展的极端严重性，如果联络处撤走，他将被顽固分子所挟持，和谈必然决裂，那后果将不堪设想。他立即驰电北平请示傅作义，然后到联络处来，请求联络处继续留下，并表示将进一步采取措施，确保我工作人员的安全。

联络处经过慎重研究，认为造成流血事件是国民党特务的一个阴谋，目的在于激怒我党，使和平解放绥远不能实现。如果联络处全部撤走，正好中了他们的诡计。因此，决定留下鲁志浩、曹文玉、何树声三人继续坚持斗争。

董其武得知后，十分感动，诚恳表示："这太好了，我一定采取措施，保证他们的安全，坚决贯彻北平协议。"

十一、归绥春雷动

毛泽东：解铃还须系铃人

绥远起义过程中，董其武经常不断地打电话向傅作义汇报工作情形，傅作义也经常派人去，或者打电话传达毛主席的指示和他的意见。关于绥远工作的情况，傅作义于 1949 年 7 月 14 日给毛主席写了一份报告。

党中央、毛主席十分关心绥远起义的进展情况。傅作义向毛主席汇报了绥远的情况后，毛主席即委托傅作义和邓宝珊等人，携带大批现金到绥远慰问全体将士，推进绥远起义。

对毛泽东的这一重大决策曾有人提出异议，说这样做是"放虎归山"。毛泽东高瞻远瞩，批评了这种疑虑，说：解铃还须系铃人。相信傅作义去绥远只能对进一步统一绥远各界的认识，彻底粉碎南京政府的阴谋，加速起义的步伐起重大作用，不会发生其他问题。同时，毛泽东命薄一波安排傅作义去绥远事宜。

8 月 28 日，傅作义从北平乘专列出发去绥远。随同傅作义去绥远的有邓宝珊、王克俊、李世杰、张溜清、秦丰川、李竭忠等人。中共华北局派潘纪文专程护送傅作义到丰镇。

列车一路安全行驶。车到丰镇，绥东中共党政领导人员均到车

站迎接，彼此会见，互相致意，并派鲁志浩由丰镇护送傅作义至归绥。车到集宁，绥蒙军区司令员姚喆等领导同志都登上列车会见傅作义。

傅作义来绥远的事已电告给董其武。接到电报，董其武感到极度欣慰。对傅作义来绥远，董其武做了周密细致的安排，并派康保安代表他到集宁迎候。接着董其武又派卫景林代表他，率领一个营，乘铁甲车到旗下营迎接，交换警卫任务。傅作义到归绥的第二天，就分别接见了军政干部和地方各界代表，并向官兵们发放了慰问金。在董其武的陪同下，他检阅了驻归绥的部队。此后，傅作义移驻到美岱召。董其武随傅作义接见了驻萨拉齐县一带的部队和行政干部，发放了慰问金，并把部队集中在美岱召附近，接受傅作义的检阅。

9月10日，董其武随傅作义进驻包头。傅作义首先召集军、师、旅级高干到包头，分别进行了谈话。傅作义这次来绥远，使傅作义在北平被软禁的谣言不攻自破。那些蓄意破坏起义的人，更是慌了手脚，不知所措。

傅作义来绥远亲自了解掌握了许多情况，于9月12日给薄一波、聂荣臻发了一份电报，详细说明了绥远起义的准备情况和今后的意见。

起义，一波三折

就在绥远起义将要大功告成之际，国民党反动派破坏和平的贼心不死，又演出了一幕幕丑剧。

就在傅作义离开北平来绥远慰问部队，促进起义之时，国民党保密局局长毛人凤密电潜伏在绥远部队中的军统特务头子赵思武说："傅作义认贼作父，拱手让出华北。近闻该逆潜赴绥远，企图鼓动部队降匪，着速就地刺杀，任务完成，本局当有重赏。"

当傅作义刚到美岱召不久，张庆恩也从包头乘压道车赶到，径直闯进傅作义的住处——一座小教堂，与傅作义见面。傅作义的随从秘书阎又文见此情况，马上令几个卫士护卫在傅作义的左右，寸步不离。张庆恩见此情况，感到无下手之机，就拿出几份电报交给傅作义，说是广州政府让转交的。傅作义接过电报，立即唤人："赶快送张主任上车站，别误了去包头的火车。"明是送客，实是逐客，张庆恩只好无可奈何地回了包头。

1949年9月15日，国民党中央军令部部长徐永昌又携带蒋介石、李宗仁、阎锡山的亲笔信，乘飞机来包头，抱着很大的决心企图把傅作义拉到广州去继续为他们效劳。蒋介石给傅作义亲启信的大意是：傅作义这次回到绥远正像他当年西安事变后回南京一样，要求傅作义接受历史的经验教训，不要自误误国误部下。

傅作义向徐永昌详细介绍了他所以要举行北平和平起义的情况。义正辞严地说："蒋政权丧尽军心民心，大势已去，任何力量也不能挽回，我即使去广州也无能为力。不只北平、绥远，全国很快就要解放了。这是历史的必然！"

此时，董其武等人经过多次商研，已拟好了起义的通电稿。徐永昌见他的任务完不成，不好回去复命，便耍了诡计。徐永昌知道中国人民政治协商会议定于9月21日在北平开幕，傅作义必须于会前赶回北平参加会议，绥远就不便起义。于是，便佯说他拉肚子病了，要住医院。

傅作义见此情况也发了愁，对邓宝珊说："次辰（徐永昌的号）病了，要呆在这里不走。他不走，我们就不便起义，不是耽误了我们的大事吗？这怎么办呢？"

这时，原傅作义部参谋长李世杰在座。傅作义、邓宝珊、李世杰计议一番后，想出一条妙策，便由邓宝珊去找徐永昌。邓宝珊见徐永昌后说："怎么病了？这里气候不好，要多注意。宜生已让董主席给你安排医院。就请马上搬进医院里去吧。"邓宝珊接着又说：

"宜生还说，你能在包头住下来也好，那就请你领衔，率领绥远起义吧，不要再回去啦。起义后，我们一同去见毛主席。"

徐永昌一听这话，一下就愣住了，意识到处境不妙，连声说：

"我的病不要紧，不要紧。我现在对共产党还没有认识，明早我就动身，不妨碍你们的事情。"

邓宝珊越是"挽留"，他越是不肯。于是，徐永昌于19日晨离包头飞返广州。徐永昌临行前还对别人说：

"我是来说服傅宜生来的，不但没说服了他，反而让他给我讲了一番大道理。"

徐永昌上了飞机，胆子大了，也狂妄起来，很不服气地对左右说："三年后再见吧！"

9月18日，绥远省议会议长张钦、高等法院院长于存灏也来到包头，住在包头福生茶庄。晚9时许，董其武和他的办公厅主任李忠带着起义通电稿，坐车来到福生茶庄后院客厅，征求张钦、于存灏的意见。

正谈论间，张庆恩突然闯进房来，气冲冲地大声向董其武叫嚷："你让我到南京去给你交涉军费，军费要到了，你现在要投共产党，我怎么向中央交代?!"

董其武不慌不忙地说："形势不同了嘛，那时是那时的情况，现在是现在的情况。"

张庆恩转头向张钦、于存灏说："你们都是地方人，这是绥远的生死关头，一言兴邦，一言丧邦，你们应该说句话嘛！"

张钦慢条斯理地扯着调子说："苟能兴邦，万言何惜！"一时间，气氛十分紧张。张庆恩来时，坐一辆大卡车，车上带了十几个便衣特务，内藏手枪。下车后，这些人在院里巡逻，有的在客厅窗外听屋内情况，大有要拼一场之势。

董其武的随从副官王全福见势不好，急中生智，立即进入客厅向董其武报告："报告主席，总司令来电话，请主席去接。"于存灏

会意地转头催促说："总司令有事，董主席去吧！"

董其武便顺水推舟说："好！你们谈吧，我去看看。"

于是，董其武和李忠主任坐车返回包头银行。这一幕闹剧就这样结束了。9月19日早晨，已无计可施的张庆恩只得跟徐永昌一同灰溜溜地飞往广州。

董其武和傅作义来到包头后，一面说服打通军政干部的思想，一面同各种反起义势力作斗争，同时着手拟写绥远起义的通电稿给毛主席、朱总司令。稿子誊清后，立即送到电台发往北平。随着红色电波，起义通电稿迅速传到北京，放到了毛泽东主席的办公桌上。毛主席认真审阅了起义通电稿，然后告诉秘书：

"要把蒋、李、阎的全名写出来，这是历史文件，免得后人不知道'蒋、李、阎'是谁。"

北平立即回电，传达了毛主席的指示。董其武他们在起义通电稿上写上蒋介石、李宗仁、阎锡山的全名，然后特用虎皮宣纸将电文写好，准备签字后发出。

起义签字，董其武扣上一个碗

1949年9月19日上午，是一个庄严隆重的时刻。

绥远军政干部和地方各族各界代表，以及邓宝珊将军部驻包头附近的第22军代表，在省银行包头分行礼堂，举行了庄严的签字仪式。董其武首先拿起毛笔，在起义通电稿上签了名。按照名单次序，第二个是孙兰峰，孙兰峰当时住在医院里，董其武顺手拿起一个小茶碗，扣在了自己的签名后边，留待孙兰峰补签。其他30余人在上边依次签了名。

董其武扣那个茶碗是有用意的，这得回过头来说一说孙兰峰的情况。张家口解放时，原第11兵团司令孙兰峰回到绥远，收容游散部队，驻扎包头，并成立了第9兵团司令部。此时孙兰峰尚有不

正确的认识，在他看来，傅作义在北平的行动难道不是投降吗？当然，投降也有性质的区别。向人民投降是好事不是坏事。但此时孙兰峰根本还认识不到这种程度，也不愿把"投降"这两个字与傅作义的名字联系在一起，自然也不愿与他自己的名字联系在一起。根据一些人的谈话给他的印象，他甚至对傅作义的生命也担心起来了。

就在孙兰峰思绪纷乱、心神不定的时候，从北平窜来绥远的中统特务头子张庆恩和军统特务头子史泓，别有用心地一再来挑拨孙兰峰。他们说：

"傅先生上了共产党的当，把几十万大军和武器都交给了共产党，自己却让人家把他当作大战犯软禁起来了。将来得什么样的结果，还不一定。死不了就算好的。我们实在为傅先生可惜。傅先生过去是抗日名将，在国内外都是有声望的人，这一下投降了共产党，落了个降将的头衔，真是一失足成千古恨，我们实在替他惋惜。希望孙司令深明大义，不可再重蹈傅先生的覆辙。"军令部长徐永昌和空军副司令王叔铭坐飞机到河套陕坝游说时，他们知道董其武起义态度坚决，所以就把更大的力气放在孙兰峰身上。许给了孙兰峰一个第9兵团司令官的名义，并答应再给孙兰峰编2个军，全部美式装备，每月特支费200万元，必要时可以调孙兰峰到兰州去担任西北军政副长官。他们还说：即使绥远丢失，还有大西北的广阔土地和四川省做大后方，最后一定能够胜利。

但是，他们对孙兰峰开出的支票越多越大，令孙兰峰置信的程度当然就越低。但尽管如此，孙兰峰觉得在当时的情况下，还是必须同他们周旋应付。

1949年6月，傅作义派王克俊来到绥远，王克俊根据傅作义的指示，负有劝说孙兰峰的使命。王克俊是多年在傅作义身边工作的人，但是孙兰峰认为在对局势还没有判断清楚以前，不能轻信王克俊的话，也不能轻易表态。

之后，傅作义又派他原来的总参议张濯清来绥远劝说孙兰峰。张濯清是过去傅作义兼第 35 军军长时的参谋长，孙兰峰和他的关系很好。孙兰峰很坦然地对张濯清说："不管你们谁来，我不能完全相信，你们说的话我一概不听。我希望的是傅先生亲自来绥远，当我亲眼见到傅先生确实一切很好时，我就听他的话。除了傅先生亲自说的话，其他任何人传的话我都不信。"

张濯清回到北平后向傅作义汇报说："婉九（孙兰峰的字）倔得很，什么话都听不进去，非傅先生亲自去绥远一趟，他的顾虑才可以解除。"

孙兰峰此时的想法是，只有亲自看到傅作义，他才能弄清楚傅作义的处境如何，搞明白他们这些人的出路何在。

1949 年 8 月下旬，傅作义偕同邓宝珊及其他人员来到绥远，孙兰峰和董其武以及傅作义在绥远的很多旧部下、旧同事和老朋友，都去车站迎接。当孙兰峰见到傅作义时，心情非常激动，有说不出的高兴，高兴的是他们终于又见面了。但是，因为此时的思想情感还不对头，在高兴之中不免夹杂着一些伤感，伤感的是自从他们相识以来，他虽经历过不少的难关，但没有像在北平这样失败过。

傅作义来绥远，对绥远军政人员说，好像一个大磅秤有了定盘星似的，一切都有所依从了，孙兰峰心中也踏实了一些。但傅作义在初来的那些日子里，时间主要用在探望部队和接见军政干部、了解部队情况上，并没有正式谈到起义不起义这个问题。9 月 10 日傅作义到包头后才用讨论和商研的口气，同孙兰峰谈论起起义的事项。

徐永昌来后，孙兰峰提高了警惕，以防特务们在他同意起义之后，进行暗害或将部队拉走一部分。所以，孙兰峰住进医院，一概不见外人，对起义也不表态。实际上，这正是孙兰峰的韬晦之计，是为了稳住中统和军统那些特务，使他们对自己尚存有幻想，听到他不签字，绥远就起不了义，而不至对傅作义下毒手，对孙兰峰进

行暗害。及至起义电文写好，徐永昌不能说服傅作义，又知道孙兰峰之所以不见他就是要跟着傅作义走起义的道路，只好悻悻地走了，始终未谋得见孙兰峰一面，也就失去了游说孙兰峰的机会。

孙兰峰与傅作义的第三次谈话是在徐永昌走后，傅作义以极郑重的口吻对孙兰峰说："起义的通电已经写好了，别人都签了字，惟有你还没有签字。你是不是还有顾虑？如果你不相信我的话，不愿意和大家一道起义，就算离开我们，断绝我们几十年的交情，那就随你的便吧！你看谁愿意跟你走你就带谁走。哪个部队愿意跟你去，你就带哪个部队去。但是我要告诉你，仗是绝对不能再打下去了。"

说到这里，傅作义讲了一句诙谐的话："你们要是真有本领打，打出个天下来，我岂不是可以当'太上皇'吗？"

自从孙兰峰和傅作义相识以来，他们之间的任何一次谈话，都没有像这次谈话那样激动孙兰峰的感情。孙兰峰情不自禁地流下了不少眼泪，一时想不出多少话来，只是简单地说："傅先生和我患难生死相处了几十年，情同手足，我怎么能离开你而单独行动呢？当年涿州战役失败后，我都没有离开过你，今天我怎么能够离开你呢？我听你的话，——签字。"

当天下午，董其武他们在祖国北部边疆重镇包头，庄严地向毛主席、朱总司令和华北军区聂荣臻司令员、薄一波政委发出起义通电。

电文发出后，傅作义已胜利完成毛主席交给的任务，同邓宝珊、孙兰峰乘车去北平，参加即将召开的第一届中国人民政治协商会议。董其武同车从包头回到归绥，暂留归绥，处理善后。

至此，反动派千方百计阻挠和破坏绥远起义的企图终于失败了。绥远起义，按毛主席所讲的"绥远方式"的精神和要求实现了。9月20日下午，董其武即接到毛泽东主席、朱德总司令的复电。复电全文是：

　　董其武将军及在贵将军领导下的绥远军队全体官兵、政府人员和各界同胞们：

　　看了你们 9 月 19 日的声明，你们的立场是正确的。自从傅作义将军领导北平和平解放后，人民表示欢迎，反动派表示反对。反动派还企图破坏绥远军民和平解放的努力，但是终归失败。你们已经率部起义、脱离反动派，站在人民方面了。希望你们团结一致，力求进步，改革旧制度，实行新政策，为建设人民的新绥远而奋斗。

毛泽东　朱　德

一九四九年九月二十日

　　与此同时，董其武也接到了华北军区聂荣臻司令员、薄一波政委的复电。

　　董其武接读毛主席、朱总司令、聂司令员和薄政委的复电后，心中极不平静，激动万分。他们对绥远"九一九"起义的赞扬和高度评价，使董其武更觉得率部起义走人民的道路，是无比正确的。他们的复电给董其武和全体官兵、各级政府工作人员指明了今后奋斗的目标。董其武当即把复电转发给各部队和各级政府，希望大家认真讨论学习，坚决贯彻执行。

　　9 月 21 日，第一届中国人民政治协商会议开幕。董其武是会议的特邀代表，因为绥远刚刚起义，有许多善后工作要做，请假留绥。在会议最后一日选举时，傅作义、邓宝珊、董其武被选为政协第一届委员。

　　再说在北平参加政协会议的孙兰峰，获悉毛主席、朱总司令、聂司令员、薄政委给绥远回电，使他受到极大的鼓舞。他参加全国政协成立会议，并当选为第一届全国政协委员，感到非常荣幸。

　　当孙兰峰第一次步入政协会议的会场时，看到孙中山先生的遗像也悬挂在那里，这是他做梦也想不到的事，心中顿然感到共产党

ZHONGWAIZHANZHENGCHUANQICONGSHU

真是伟大。他曾把自己的这一感受写进自己在大会上的发言里。

特别使孙兰峰感激的是，敬爱的周总理在百忙之中设宴招待了傅作义和他。傅作义不会喝酒，孙兰峰是能喝一些的。周总理亲切地对孙兰峰说："你能喝酒，我这里还有一点好酒，你尝一杯吧！"随即，周总理从书架上取下半瓶酒来，给孙兰峰斟了一杯，周总理介绍说："这酒是一位法国朋友送给孙中山先生的，孙夫人珍藏了多年，解放后孙夫人转赠给了我，请孙司令官干一杯。"

这真是好酒，而且是同为中国人民革命一生、战斗不息、做出巨大贡献的革命家孙中山先生名字联系在一起的好酒！孙兰峰喝下去以后，立刻觉得有一股热流在腹中回荡不已，并且传遍周身。

政协会议胜利闭幕后，孙兰峰参加了10月1日的中华人民共和国开国大典，听到伟大领袖毛主席向全世界庄严宣告"中国人民从此站起来了"！作为一个中国人，孙兰峰从来没有像这一天那样感到自豪。

由北平返回绥远后，孙兰峰被任命为绥远军政委员会副主席、绥远军区副司令员、绥远省人民政府副主席。

10月1日，是中华人民共和国成立的光荣日子。绥远为庆祝新中国的成立和绥远起义，全省军民在归绥、陕坝、包头等地分别举行了庆祝大会。董其武和在省的军政人员参加了归绥市的庆祝大会。

这天，归绥市阳光普照，万众欢腾。所有参加大会的人无不兴高采烈，欢欣鼓舞，处处表现出从黑暗走向光明的欢乐幸福情景。

在这个庄严隆重的大会上，首先宣读了毛主席、朱总司令、聂司令员、薄政委给绥远的复电，全场热烈鼓掌。之后，又宣读了绥远人民庆祝中华人民共和国中央人民政府成立暨绥远军民起义大会宣言。大会还向毛主席、朱总司令、聂司令员、薄政委、董必武、傅作义、董其武以及中国人民政治协商会议发了致敬电。会后，董其武在感激、兴奋的情景下，激动地写下了以下诗句：

为迎春风排万难，义旗终插青山颠。

弃暗投明党指路，起死回生恩胜天。

从今矢志勤改造，他日立功赎前怒。

任务不计多艰苦，喜见万民解倒悬。

起义之后，一切旧的组织机构与制度还没有改变，解放军也没有进驻绥远。下一步怎么办？董其武心中急切盼望中共党政军的领导同志快些来归绥，以便早日实现党中央、毛主席对绥远的希望和要求：部队解放军化，地方解放区化。

10月初，董其武给傅作义打电报，请示下一步怎么办。傅作义向毛主席做了汇报，并提出今后绥远的团结改造方针应遵循四个原则，三个步骤。四个原则是：坚持团结，肃清特务，整顿纪律，军队改编成人民解放军。三个步骤是：彻底实现解放区化与解放军化，同国民党反动政权完全脱离关系；恢复交通，包括通商、通邮和人民的来往；解放军派干部去进行思想工作。

毛主席听后，十分赞同，当即指示：按照傅作义先生提出的上述原则和步骤实施。

在12月2日，中央人民政府委员会的第4次会议上，任命了绥远省军政委员会、省人民政府的组成人员。任命傅作义为绥远省军政委员会主席，高克林、乌兰夫、董其武、孙兰峰为副主席，刘万春、张钦、荣祥、袁庆荣、安春山、王克俊、阎又文、于存灏、张濯清、姚赖、杨植霖、苏谦益、裴周玉、潘纪文、奎壁、杨叶澎等16人为委员。任命董其武为绥远省人民政府主席，杨植霖、奎壁、孙兰峰为副主席，周北峰、李居义、李世杰、秦丰川、胡凤山、张立范、常佩三、张淑良、杨令德、辛崇叶、康保安、张国林、苏谦益、张如岗、张庆忠、五建功、阮幕韩、李维中、靳崇智、刘秀梅、武达平、杨叶澎等22人为委员。

12月13日，中央人民政府人民革命军事委员会任命了绥远省

军区的负责人。任命傅作义为司令员，薄一波兼政治委员，乌兰夫、董其武、姚铭、孙兰峰为副司令员，高克林、杨叶澎、王克俊为副政治委员，裴周玉为政治部主任，雷宜之、阎又文为副主任。

12月中旬的归绥市（现呼和浩特市），已进入隆冬季节，天寒地冻，北风呼啸，很少有人上街。17日上午，中共绥远省委的领导同志，从丰镇出发来归绥市。这天清晨，广大市民、部队指战员纷纷走上街头，拿着扫帚、铁锨进行大扫除，以整整齐齐干干净净的市容来迎接亲人。机关的工作人员也纷纷走上街头，张贴彩色标语，挂上五色彩旗。欢迎的队伍一早就从归绥市的新旧两城涌向车站，虽是隆冬，却处处洋溢着春天的气息。董其武和卫士走在街头，看到人民群众的那种兴奋之情，心中非常感动。董其武派军政委员会委员王克俊、省人民政府委员张国林等一行，专程从归绥市前往陶卜齐车站迎接，陪同中共省委书记高克林、副书记苏谦益及党政军机关、群众团体干部千余人，前来归绥市。董其武和孙兰峰率军政委员会、省人民政府委员会在归绥市的各委员，以及各机关、部队、工厂、学校60多个单位的近万人，在车站夹道欢迎。

绥东来的党政军负责同志，为广交朋友，联络感情，疏通关系，建立友谊，于19日下午2时，在联谊社设茶话会，与驻归绥市军政委员会和省人民政府各领导，蒙、回各族代表及知名人士联欢。董其武和孙兰峰等70余人应邀到会。

高克林同志在热烈的掌声中首先致词，董其武在茶话会上着重讲了起义后3个月里所做的几件工作。

孙兰峰在发言中，生动叙述了到北京参加人民政协会议时见到毛主席的情景，他说："九一九起义后，我赶到北京参加人民政协会议。毛主席对我说：'特别邀请你参加政协会议。'毛主席的话，使我感动得从头热到脚心，掉下了热泪。在当晚的宴会上，各首长对我的亲密和关怀，使我不知该说什么好。毛主席又走到我的桌边说：'今天特别欢迎你，我们两个干一杯。'毛主席的两句话使我一

辈子也忘不了。"

茶话会充满着团结亲密和愉快的气氛，使董其武激动不已。在茶话会临结束前，董其武这个年届半百的人，再也控制不住自己的感情，兴奋地站起来，带领大家高呼：

"我们要做毛主席的忠实干部！"

"我们要执行中央人民政府的伟大政策！"

"绥远各民族团结万岁！"

"毛主席万岁！"

"中国共产党万岁！"

历时 3 小时的茶话会，洋溢着愉快和热烈的气氛，使董其武忘记了室外还是冬天，忘记街上已经是华灯初上了。

明师真传

在绥远广大人民、起义部队迈向解放区化、解放军化的进程中，董其武同高克林奉党中央、华北局电令，到北京向党中央、政务院汇报工作，并晋见毛主席。毛主席和董其武的谈话，令董其武终身难忘。

董其武和高克林于 1950 年 3 月底乘火车离开归绥，火车到北京站时，傅作义和华北局、华北军区的主要领导同志到车站一起迎接他们。

傅作义对他们的住宿做了精心安排，安排他们住在北京西单酱房胡同 19 号傅作义原来的一处住宅里。住宅为一幢三层楼房，房间布置得朴素大方，宽敞明亮。院子里，藤萝满架，花香四溢。在北京，董其武和高克林首先向华北局、华北军区的领导同志汇报了工作，然后又将工作情况写成书面材料，并誊清后送政务院请周总理审阅。4 月 13 日夜 11 点半，周总理将修改稿退回。

14 日上午 8 时，傅作义作为政务院的委员，同董其武一起乘车

到中南海参加政务院第 28 次会议。周总理主持了会议，并将董其武介绍给与会人员。董其武向会议汇报了从起义以来，绥远省半年来解放区化、解放军化的工作情况。

董其武的汇报一结束，周总理、郭沫若等领导同志即离开座位走到董其武面前和他握手，表示祝贺。周总理握住董其武的手说："这报告很好，《人民日报》要在第一版上全文发表。"

4 月 17 日，新华社将董其武的汇报全文向全国各新闻单位发了通稿。《人民日报》、《绥远日报》都在 4 月 18 日的第一版全文刊登。董其武看到周总理那样平易近人，那样辛勤操劳，心中十分激动，激动得连问候总理好的话都忘记说了。

1950 年 4 月 18 日，是董其武最感到幸福的时刻。

这一天，毛主席在中南海设宴招待了董其武，在座的有周总理、宋庆龄、张澜副主席，林伯渠秘书长以及傅作义。

下午 6 点钟，毛主席来了，神采奕奕，笑容满面，有力地握住董其武的手说："董其武将军好啊！"

董其武激动地回答："好在是毛主席挽救了我。"

宴会之后，毛主席和他们一起观看了怀仁堂的文艺演出。

4 月 27 日下午，傅作义来到董其武的住处，一见董其武就笑着说："其武要受到明师真传了！"董其武一听就猜到是毛主席要召见自己。

傅先生又说："今晚毛主席召见你和高克林书记。"

当晚，董其武高兴地换上一身新的灰士林平面布中山装，带上自来水笔，和傅作义、高克林一起乘车去中南海进见毛主席。7 时许，他们兴致勃勃地来到了中南海丰泽园，毛主席已在此等候了，在场的还有周总理、朱总司令、聂荣臻司令员、薄一波政委等领导同志。

董其武向毛主席恭敬地行礼，走上前紧紧握住毛主席的手。毛主席随即把董其武和高克林让到他附近的座位上。询问了绥远的情

况后，对董其武称赞说："你的文章我看到了，工作还是很有成绩的嘛！起义是一件好事，给你的复电是我亲笔写的，希望你们团结一致，力求进步嘛！蒋以钱以官来破坏你们，不得人心嘛！他们终于失败了。"说毕，毛主席指着傅作义对董其武说："他和我们打交道多了，但还没有和共产党共多少事。有人害怕共产党，共产党也是人嘛，有什么可怕呢，不过共产党有个'党小组'，每周要过党日，对党员一周来的好事要表扬、巩固、提高；对做错的事要批评、教育，不是搞别人的鬼，这就是马克思主义的批评与自我批评的武器。"

说到这里，毛主席问董其武："你现在还不是共产党员吧？"

董其武回答："不是。"

毛主席又接着说："共产党与人共事心口如一，表里一致，桌面上是什么，背地里也是什么，和蒋不一样。蒋和人共事是讲权术的，搞宗派的，搞码头的，不为无因，他是私。共产党没有私，共产党人要团结一切可能团结的人，团结一切可以团结的力量，开诚布公，集思广益，为的是把国家搞好。"

讲到这里，毛主席又问董其武："你能听懂我的话吗？"

董其武恭敬地说："听懂了。"

毛主席着重地说："开诚心，布公道，集众思，广众益，为的是把国家搞好。咱们国家经过多年战乱，需要三年好好恢复生产，你回去争取把军队改造好，争取把地方各民族领袖团结好。香港有不少资本家想回来，我们欢迎他们回来。建国需要钱，为建设美好的中华人民共和国而奋斗。"

毛主席谈古论今，滔滔不绝，谈话持续了3个小时。董其武听着毛主席的训示几乎入了迷，感到从来没有听到过这样精辟的训示和道理，打内心佩服毛主席的经天纬地之才。这时，傅作义对毛主席说："主席日理万机，时间宝贵，请休息吧！以后和他们谈话的机会还多嘛！"

181

毛主席站起来风趣地说："看，傅宜生给我下命令了。那就谈到这里吧！"

这时，毛主席又接着对董其武说："你告诉起义人员，共产的政策是既往不咎，是希望他们全心全意为人民服务。过去两种制度，有不少是反人民的事情，人民不追究过去，只看将来。"

毛主席和董其武、高克林一一握手告辞，直送到门口。董其武几次回头，望着还站在门口的毛主席，心中感到无比幸福！回到小酱房 19 号住处，已夜晚 11 点多了，董其武兴奋得躺在床上辗转反侧，几乎彻夜不眠，深感毛主席真是一位伟大的人物，真有听了主席一席话，胜读 10 年书之感。

绥远起义后，驻绥远的国民党军队第 9 兵团部、第 111 军、独立第 7 师等部队于 1949 年 12 月 12 日被改编为中国人民解放军第 23 兵团，辖第 36、第 37 军，归华北军区建制。董其武任兵团司令员，高克林任兵团政治委员。该兵团经过整训，于 1951 年 9 月 9 日奔赴朝鲜前线，参加了伟大的抗美援朝战争，取得辉煌战绩，受到中央军委的表彰。董其武将军于 1955 年被授予中国人民解放军上将军衔，1981 年当选全国政协副主席，1982 年光荣加入中国共产党。